ETF 투자
7일완성

투자로 부자 되는 가장 쉬운 방법

ETF 투자

→ 투자 ←

7일완성

신성호 지음

한국경제신문

편안하고 안정적인 자산운용을 위한 ETF 투자 안내서

금융시장에서는 여전히 미국의 금리 정책에 관심이 많습니다. 금리가 대부분 자산의 가격에 영향을 미치기 때문입니다. 2008년 금융위기 이후 미국은 이른바 '양적 완화(Quantitative Easing, QE)'라는 명목으로 천문학적인 돈을 찍어 채권을 사들이면서 막대한 유동성을 공급했고, 이에 따라 금리가 '0%' 수준까지 낮아졌죠. 시장금리는 심지어 마이너스였고요. 2020년 코로나 팬데믹 직후에도 단기간에 많은 돈이 풀려 대부분의 자산 가격을 떠받쳐왔습니다. 그러니 미국의 금리가 어떻게 움직일지에 신경을 곤두세울 수밖에 없는 겁니다.

하지만 경기 또는 금리로 대변되는 거시경제(macro) 환경이 투자의 세계에서 더는 큰 의미가 없을지도 모릅니다. 경제가 좋거나 나쁘다고 평가하는 것이 아닙니다. 이미 풀려버린 막대한 유동성과 어마어마한 부채가 이럴 수도 저럴 수도 없는 상황을 만들어버렸다는 얘기입니다.

미국의 중앙은행에 해당하는 연방준비제도(Federal Reserve System, Fed)는 1913년에 창설됐습니다. 이후 2008년 글로벌 금융위기가 발생하기 전까지 94년 동안, Fed의 자산총액은 1조 달러를 넘은 적이 없었습니다. 그런데 2008년부터 양적 완화를 시작해 2022년 긴축으로 방향을 선회할 때까지 불과 14년 만에 약 9조 달러에 이를 정도로 급격히 팽창했습니다. 2024년 현재까지 지난 2년여 동안 금리를 올리고 자산을 축소하며 인플레이션과의 전쟁을 치렀으니, 이제 다시 금리 인하를 비롯한 완화적 통화정책이 나오지 않을까 하는 기대감이 커지면서 논쟁이 일고 있죠.

그런 와중에 이른바 세계화(globalization)는 막을 내렸고, 우리는 국가 간 전쟁과 정치적 대립이 반복되는 분열의 시대를 맞이했습니다. 이런 분열이 가져오는 가장 큰 문제는 인플레이션을 장기화한다는 것입니다. 소비자물가지수(Consumer Price Index, CPI)가 Fed가 말하는 2%대로 안정된다고 하더라도, 물가의 '상승률'이 지난해보다 낮아지는 것일 뿐 예전으로 돌아간다는 의미는 아닙니다. CPI는 전년 동월 대비(Year on Year, YoY) 변화율로 발표되는 지수니까요.

정책 입안자들은 목표 물가에 이르면, 즉 인플레이션이 안정된 수준에 이르면 다시 금리를 내리고 돈을 풀면서 경기를 진작시켜 정치적 입지를 지키고자 할 것입니다. 그러나 인플레이션은 유권자들의 삶을

미국 Fed 자산총액 추이 (단위: 100만 달러)

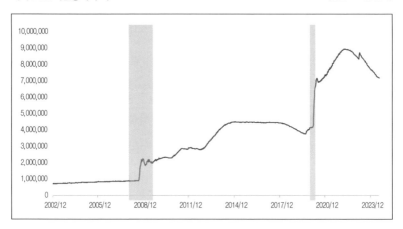

※ 회색 막대는 미국의 경기 침체 시기를 나타냄.
자료: 세인트루이스 미국 연방준비은행(Federal Reserve Bank of St. Louis)

고통스럽게 합니다. 과거 제2차 세계대전이 발발한 것도 독일의 초인 플레이션(hyper inflation)이 한 가지 원인이었다는 사실을 정치인들은 잘 알고 있습니다. 따라서 지난 10여 년과 같은 경기 부양 정책을 쉽게 결정하기는 어려울 겁니다. 경기와 금리는 특정한 방향성을 갖지 못하고, 정책 입안자들은 현재 상태를 유지하고자 '애써' 노력할 수밖에 없다는 얘기입니다.

인위적 경기 부양은 어렵고, 부채는 역사적으로 최고 수준이며, 인플레이션은 구조적으로 피할 수 없는 상황에서 우리는 어떻게 해야 할까요? 미디어를 통해 국내총생산(Gross Domestic Product, GDP), 인플레이션, 금리 등의 변동 상황을 수시로 접하겠지만 사실상 투자수익률을 높이는 데는 큰 도움이 안 됩니다. 투자에서 핵심은 세상의 변화가 어디에서 나타나며, 기술의 발전은 어디로 향하고, 기업들은 어떤 분야에 자금을 투입하는가를 파악하는 것입니다. 그리고 관련 자산에 내 여유자금을 배분해놓아야 하죠.

마냥 손을 놓고 있을 순 없어서 펀드에라도 가입하려 하면, 은행이나 증권회사 영업점을 찾아가 설명을 듣고 서명하고 녹음하는 번거로운 절차를 거쳐야 합니다. 그러면서도 내 자산이 정확히 어디에 투자되는지 알기도 어렵습니다. 그래서 주식에 투자하기 위해 공부 좀 해보려고 하면, 전문가라는 사람들이 하는 이야기는 너무 어려워 도무지 알아들을 수가 없습니다. 어찌어찌 주식 투자를 시작했더라도 개별 기업의 동향을 일일이 업데이트할 수도 없는 데다 주가가 하루에도 몇 퍼센트씩 오르내리니 잠을 편안하게 잘 수가 없습니다.

번거롭지 않고, 쉽고, 안정적인 투자 대상을 찾는 분들에게 최적의 대안은 ETF입니다. 지난 세기를 통틀어 가장 혁신적인 금융상품으로 평가받고 있죠. ETF는 증권 계좌만 개설하면 주식처럼 쉽게 매매할 수 있으며, 어떤 종목들로 구성돼 있는지를 언제든 확인할 수 있습니다. 소액으로 분산투자를 할 수 있고, 운영 시간이 다른 미국 시장의 주식들에도 투자할 수 있습니다. 다만 ETF도 결국은 선택을 해야 합니다. AI(인공지능) 관련 ETF를 살지, 채권 ETF를 살지, 요즘 유행하는 월배당 ETF를 살지 등을 결정해야 하죠.

이 책은 ETF로 여유자금이나 퇴직연금을 관리하고자 하지만, 아직 익숙하지 않아 선뜻 투자에 나서지 못하는 분들을 생각하며 썼습니다. 어렵지만 알아두면 좋은 용어들을 쉽게 풀어 설명했으며, 단순히 ETF 명칭을 나열하는 것이 아니라 산업과 테마 그리고 필요하면 편입 종목에 대한 분석까지 포함하여 쉽게 이해할 수 있도록 구성했습니다. ETF 리스트를 예시할 때는 특정 자산운용사의 상품에 치우치지 않고 순자산 규모와 상품의 특성을 바탕으로 해당 팩터를 이해하는 데 도움이 되는 사례에 무게를 두고 선정했습니다. 다만, 예시한 종목 또는 업종의 비중 등은 원고 작성 시기의 특정일을 기준으로 했기 때문에 시간의 경과와 함께 변동될 수도 있음을 말씀드립니다. 기본적으로는 국내에 상장된 ETF를 중심으로 하되, 필요하다고 생각되는 경우 미국에 상장된 ETF도 소개했습니다.

ETF는 일정한 기준으로 선택된 종목들의 묶음입니다. 최소한의 분산은 이미 한국거래소 규정에 따라 적용되어 있습니다. 여러분이 할 일은 굵직굵직한 선택을 하는 것입니다. 그 선택을 어떻게 하면 되는지와 관련하여 포트폴리오 구성 방법도 정리를 해놓았습니다.

참고로, 이 책은 단원별로 내용이 독립적입니다. 원리 중심으로 설명했기 때문에 한 단원을 한 번에 읽기가 부담스러울 수도 있습니다. 그럴 때는 관심 있는 단원 또는 소단원별로 골라서 읽는 것도 좋습니다. 이 책이 여러분의 결혼, 주택, 노후를 위한 자산관리를 도와주는 믿

음직한 동반자가 됐으면 좋겠습니다. 더 나아가, 이 책을 통해 '이제 나도 ETF 펀드매니저'라는 자부심을 가질 수 있게 된다면 더 바랄 나위가 없을 것입니다.

책이 완성되기까지 단원마다 읽고 독자 관점에서 조언해준 사랑하는 아내 고은이와 한경BP 편집부 직원분들께 감사드립니다.

신성호

DAY
1

ETF 기초 다지기

DAY
2

AI 밸류체인 & 메가 트렌드 ETF

커버드콜 & 배당주 ETF

금, 원자재 & 비트코인 ETF

국가별 지수 ETF

팩터 투자 & 채권 ETF

나만의 ETF 포트폴리오 만들기

ETF 기초 다지기

ETF는 'Exchange Traded Fund'의 첫 글자를 따서 만든 말로, '거래소(Exchange)에서 거래되는(Traded) 펀드(Fund)'라는 의미입니다. 펀드이긴 하지만 은행이나 증권사 창구에서 일정 절차를 거쳐 가입하는 것이 아니라 증권 계좌만 있으면 주식시장에서 직접 사고팔 수 있는 상품입니다. 주식처럼 쉽게 매수하고 매도할 수 있다는 뜻입니다.

ETF의 정식 명칭은 '상장지수집합투자증권'입니다. '집합투자증권'은 펀드의 법적 용어이며, 특정 '지수'를 추종하는 '상장'된 펀드라고 이해하면 됩니다. 여기서 지수(Index, 인덱스)란 특정 자산군에서 일정한 기준에 따라 선택된 종목들의 가격을 하나의 규칙으로 나타낸 결과물(숫자)을 의미합니다. 그 자산군이 주식이면 주식지수가 되고, 채권이면 채권지수가 됩니다.

예를 들어 한국 주식시장은 거래소의 상장 기준에 따라 유가증권시장(코스피시장)과 코스닥시장으로 나누어지는데(일반적으로 대형 기업이 유가증권시장에 상장함), 유가증권시장에 상장된 기업 중 시가총액(market capitalization, 상장된 전체 주식 수에 주가를 곱한 것) 대형주 상위 200개 기업으로 구성된 지수를 '코스피200지수'라고 합니다. 일정한 규칙으로 만들어진 수식들의 집합인 주식지수가 되는 것입니다. 코스피200지수를 추종하는 ETF로는 'KODEX 200', 'TIGER 200' 등이 있습니다. ETF가 출현하기 전에는 이처럼 지수를 추종하는 펀드를 '인덱스펀드'라고 불렀습니다.

01

왜
ETF인가

ETF에 투자하는 사람들이 늘어나고 자산운용사들의 경쟁이 치열해지면서 ETF 상품은 투자 대상과 구조가 빠른 속도로 진화하고 있습니다. 코스피200 또는 S&P500과 같은 한국·미국의 대표지수에서 일본·중국·인도와 같은 특정 국가의 지수, 배당주·채권·원자재를 기초지수로 하는 ETF까지 자산뿐 아니라 성격도 다양해지고 있습니다. 심지어 시장이 하락하면 오히려 가격이 상승하는 인버스(Inverse, '거꾸로'를 의미함)까지 등장해 ETF를 활용한 자기만의 포트폴리오(portfolio)*를 더 효율적으로 만들 수 있게 됐습니다.

★ 일정한 기준에 따라 여러 종목으로 분산하여 구성한 집합 또는 묶음. 구성 종목 간의 관계가 독립적일수록 투자 집합 전체의 변동성이 작아지는데, 이런 현상을 '포트폴리오 분산투자 효과'라고 함.

1-1 주요 ETF 자산운용사 브랜드와 홈페이지

구분	자산운용사	ETF 브랜드	홈페이지
종합	삼성자산운용	KODEX	www.samsungfund.com/etf
	미래에셋자산운용	TIGER	www.tigeretf.com
	케이비자산운용	RISE	www.riseetf.co.kr
	한국투자신탁운용	ACE	www.aceetf.co.kr
	신한자산운용	SOL	www.soletf.com
	키움투자자산운용	KOSEF	www.kosef.co.kr
		히어로즈	(KOSEF 패시브, 히어로즈 액티브)
	한화자산운용	Plus	plusetf.co.kr
	엔에이치아문디자산운용	HANARO	www.hanaroetf.com
	하나자산운용	1Q	1qetf.com
	우리자산운용	WON	www.wooriam.kr/investment/etf-list
액티브	타임폴리오자산운용	TIMEFOLIO	www.timefolio.co.kr/etf/funds_list.php
	삼성액티브자산운용	KoAct	www.samsungactive.co.kr/etf/list.do

자료: 각 ETF 운용사 홈페이지(2024년 7월 기준 ETF 순자산 규모순)

💲 ETF가 필요할 때

'AI가 일상화된다고 하는데 투자로 연결할 방법은 없을까?', '친구가 엔비디아(NVIDIA) 주식으로 돈을 많이 벌었다는데 나도 뭔가 해야 하는 거 아닌가?', '비만치료제가 잘 팔린다는데 어떤 주식을 사야 하지?' 같은 생각에 사로잡혀 조바심이 날 때가 누구에게나 있을 겁니다. 이럴 때는 AI 관련 ETF나 비만치료제 ETF를 매수하면 주식 공부를 많이 하지 않아도 고민을 해결할 수 있습니다.

'미국 주식을 사고 싶은데 어떻게 해야 하는지 모르겠다', '삼성전자

주식을 사고 싶은데 통장에 1만 원밖에 없다' 같은 고민을 할 때도 국내에 상장된 미국 주식에 투자하는 ETF나 삼성전자의 비중이 큰 ETF를 매수하면 됩니다. 국내에는 이미 다양한 자산을 기초로 하는 ETF가 1만 원 수준에 상장되어 거래되고 있기 때문입니다. 채권, 금, 원유도 마찬가지입니다. 관련된 ETF를 매수하면 원하는 자산의 가격 상승에 쉽게 올라탈 수 있습니다. 소액으로 다양한 자산에 분산투자할 수 있는 펀드의 장점을 고스란히 가지고 있으면서 주식처럼 매매가 쉽기 때문입니다.

⑤ ETF의 장점

ETF 1주를 매수하면 ETF에 담긴 종목들을 비율대로 동시에 매수하는 분산투자 효과를 누릴 수 있습니다. 또 일반 펀드는 한두 달 전의 보유 종목만 공시하게 되어 있어 내가 가입한 펀드가 지금 어떤 종목들에 투자하고 있는지 알 수 없습니다. 하지만 ETF는 PDF(Portfolio Deposit File, 구성 종목 내역)라는 이름으로 한국거래소(Korea Exchange, KRX) 정보데이터시스템, 자산운용사 ETF 홈페이지 또는 HTS(Home Trading System, 홈 트레이딩 시스템) 등에서 매일 구성 종목을 조회할 수 있습니다.

한국거래소 정보데이터시스템의 웹주소는 'data.krx.co.kr'입니다. 메인 화면에서 왼쪽 메뉴의 '증권상품 → ETF → PDF'를 클릭하면 됩니다. 이때 상단 종목명 돋보기를 클릭하여 원하는 종목명 또는 코드를 입력하면 〈1-2〉와 같이 구성 종목 리스트가 조회됩니다.

비용 면에서도 ETF는 은행이나 증권사와 같은 판매사를 통하지 않기 때문에 판매 수수료나 보수가 없고, 자산운용사가 수취하는 운용보수도 일반 펀드보다 낮습니다. 일반 펀드에서 보수로 표시되는 0.5% 또는 1%가 단기적으로는 별것 아니라고 생각될 수도 있겠지만, 투자 기간이 길어질수록 무시할 수 없는 수준이 됩니다. 투자의 귀재 워런 버핏(Warren Buffet)이 이야기하는 스노볼 효과(snow ball effect)★가 비용이라는 영역에서 음의 방향으로 커지는 것입니다.

★ 눈덩이가 구르듯, 이자에 이자가 붙어 수익이 커지는 일종의 복리 효과.

예를 들어 우주와 하늘이라는 투자자가 10,000원을 투자해서 매

1-2 한국거래소 ETF PDF 조회 예시

자료: 한국거래소 정보데이터시스템

년 3%의 수익률로 투자한다고 가정해보겠습니다. 우주는 수수료 없이 투자하고 하늘이는 매년 0.5%의 수수료를 지불합니다. 먼저 10년 후 투자 성과를 볼까요? 우주의 순자산은 13,439원으로 34.39%의 수익률을 얻게 되는 데 비해 하늘이의 순자산은 12,801원으로 수익률이 28.01%에 머뭅니다. 6.38%p의 차이가 발생한 거죠. 투자 기간을 30년으로 잡으면 어떻게 될까요? 30년 후 우주는 순자산 24,273원으로 142.7%, 하늘이는 순자산 20,976원으로 109.8%의 수익률을 얻습니다. 무려 33.0%p라는 엄청난 차이가 발생합니다.

이제 ETF를 거래 유동성이라는 관점에서 주식 거래와 비교해보겠습니다. 주식 종목을 매매하다 보면 거래량이 부족하여 원하는 만큼의 수량을 매수하거나 매도하기 어려운 상황이 발생하기도 합니다. 이럴 때 지금 형성된 가격이 내가 사거나 팔고자 하는 가격과 큰 차이를 보일 수도 있는데, 그 가격에 매매를 해야 한다면 손실을 감수해야겠죠. 또 일부 세력에 의해 가격이 정상적인 가격보다 높거나 낮게 형성되면 공정가격이 어느 수준인지도 찾기 어려워집니다.

ETF에는 '유동성 공급자(Liquidity Provider, LP)'라는 제도가 있는데, 증권회사들이 이 역할을 맡습니다. LP는 NAV(순자산가치)라고 하는 공정가격 수준에서 매수와 매도가 가능하도록 거래량을 공급합니다. 일반적으로 NAV를 기준으로 1% 범위에서 가격이 유지되도록 매도 물량과 매수 물량을 제공하죠[단, 장 시작 전 동시호가(08:30~09:00), 장 마감 전 동시호가(15:20~15:30), 장 시작 후 5분간(09:00~09:05)에는 LP에게도 호가 제출 의무가 없습니다].

1-3 HTS 화면에서 LP 역할 보기

LP	매도 잔량	11:15:30		매수 잔량	LP
19,950	19,950	10,150	1.50%		
20,000	20,000	10,100	1.00%		
20,000	20,013	10,050	0.50%		
	1,020	10,000	0.00%		
		9,950	-0.50%	19,995	19,995
		9,900	-1.00%	20,005	20,000
		9,850	-1.50%	20,000	20,000

※ 파란색 LP 물량은 증권사별 ETF 전용 화면을 참고
자료: 삼성자산운용 ETF투자정보

　예를 들어 〈1-3〉처럼 LP가 매수와 매도 양방향으로 충분한 거래 가능 물량을 제공하기 때문에, 앞서 언급한 바와 같이 일부 중·소형주에서 거래량 부족으로 발생할 수 있는 손실 가능성이 줄어듭니다.

02
ETF 투자에 도움 되는 사전지식

ETF 거래 시 자주 접하게 되는 용어들을 먼저 짚고 넘어가고자 합니다. 참고로, 사전에 살펴봐야 하는 거래량에 대해서도 짧게 언급하겠습니다.

⑤ NAV(Net Asset Value, 순자산가치)

'NAV'는 우리말로 '순자산가치'라고 하는데요. ETF의 자산총액에서 운용보수 등의 부채를 빼면 ETF의 순자산총액이 되고, 이를 ETF 발행 증권 수로 나눈 금액을 말합니다. 예를 들어 주가가 10만 원인 A주식 30주와 주가가 20만 원인 B주식 20주, 주가가 30만 원인 C주식 10주 그리고 현금 100만 원을 보유한 'KOREA ETF'가 있다고 해봅시다. 그

	주가	수량	자산	총자산	부채 (운용보수)	순자산 총액	발행 증권 수	NAV
주식 A	100,000	30	3,000,000					
주식 B	200,000	20	4,000,000	11,000,000	100,000	10,900,000	10,000	1,090
주식 C	300,000	10	3,000,000					
현금			1,000,000					

자료: 삼성자산운용 ETF투자정보 참고

러면 총자산이 1,100만 원이죠? 이때 운용보수가 10만 원이라고 하면
순자산총액은 1,090만 원입니다. ETF의 발행 증권 수가 10,000좌라고
하면 KOREA ETF의 NAV는 1,090원이 됩니다.

⑤ i-NAV(indicative NAV, 추정 순자산가치)

앞서 살펴본 NAV는 주식시장 마감 후에 계산이 됩니다. 시장에서
거래를 하려면 그 시점에 기준이 되는 가격이 필요한데, 거래소에
서 실시간으로 추정 NAV를 제공합니다. 이를 '지시해준다'는 의미의
'indicative'를 써서 'i-NAV'라고 합니다. LP들은 i-NAV를 기준으로
매수와 매도 물량을 공급하며, 자산운용사 ETF 운용 매니저도 i-NAV
를 기준으로 운용합니다.

💲 괴리율과 추적오차

ETF를 거래하다 보면 투자자들의 거래 강도 등에 따라 NAV와 실시간 가격에 차이가 발생할 수 있습니다. 이런 차이의 비율을 '괴리율'이라고 합니다. 하지만 앞에서 살펴봤듯이 LP의 역할로 일정 범위를 벗어나지는 않게 됩니다.

추적오차란 기초지수와 NAV의 차이를 말합니다. 기초지수는 ETF가 추종하는 지수인데 운용보수 또는 배당 등으로 ETF NAV와 차이가 날 수 있습니다. ETF의 NAV에서는 운용보수가 차감되지만, 기초지수에서는 운용보수 등의 비용이 고려되지 않기 때문입니다. 배당의 경우는 기초지수가 PR(Price Return, 주가수익률)을 기반으로 하느냐 TR(Total Return, 총수익률)을 기반으로 하느냐에 따라 다릅니다(PR과 TR은 45페이지에서 자세히 다루겠습니다). 기초지수가 PR일 때 지수에는 배당금이 반영되지 않는데, 실제 ETF는 보유한 주식에서 배당금을 받죠. 그만큼 ETF NAV가 증가하게 되므로 특정 기간별로 그동안 쌓인 배당금을 투자자들에게 현금으로 분배하면서 기초지수와의 차이를 해소하기도 합니다. 추적오차가 중요한 이유는 기초지수와의 차이가 일정 범위를 벗어나지 못하도록 규제되어 있기 때문입니다.

💲 기초지수

ETF가 추적하는 지수를 말합니다. 펀드에서는 비교지수 또는 벤치마크(Bench Mark, BM)라고도 부르는데 역할은 다릅니다. 펀드에서 말하는 비교지수는 펀드의 성과를 평가하는 데 기준이 됩니다. 그에 비해 ETF의 기초지수는 성과 평가보다는 ETF가 추적하는 기준 지수를 의미하며, 영어로는 'Underlying Index'라고 합니다. 다만, 액티브 ETF는 운용역(매니저)의 재량이 일정 부분 허용되기 때문에 성과 평가를 위한 비교지수라고도 이야기합니다.

현재 국내에 상장된 ETF의 기초지수 공급업자는 한국거래소(KRX),

1-5 국내 주요 지수 공급자

지수 공급자		홈페이지 주소	브랜드
국내 사업자	한국거래소	https://index.krx.co.kr	KRX
	에프앤가이드	https://www.fnindex.co.kr/	FnGuide
	NH투자증권	https://www.nhqv.com/index.html 홈페이지 상단 메뉴 〉주식선물옵션 〉ETN/ETF/iSelect인덱스	i-Select
	〈한국경제신문〉	https://datacenter.hankyung.com/kedi	KEDI
해외 사업자	S&P Global	https://www.spglobal.com/spdji/en	S&P
			Dow Jones
	Bloomberg	www.bloomberg.com(유료)	Bloomberg
	Solactive	https://www.solactive.com/indices/	Solactive
	Indxx	https://www.indxx.com/indices/	Indxx
채권	KIS자산평가	https://www.bond.co.kr/	KIS
	한국자산평가	https://www.koreaap.com/index.html	KAP

자료: 각사 홈페이지

ETF 투자 7일 완성

에프앤가이드(Fn), NH투자증권(i-Select), 〈한국경제신문〉(KEDI), S&P
글로벌(S&P, 다우존스), 블룸버그(Bloomberg), 나스닥(NDAQ), MSCI★ 등
이 있습니다. 일반적으로 ETF가 상장되기 전에 기
초지수가 지수 공급자 홈페이지에 송출되므로, 해
당 ETF의 구성 종목과 과거 성과 등을 쉽게 조회
할 수 있습니다.

★ 모건스탠리캐피털인터
내셔널(Morgan Stanley
Capital Inter-national)에
서 개발한 지수.

💲 리밸런싱

펀드도 마찬가지인데, ETF를 공부하다 보면 '리밸런싱'이라는 단어를
자주 접하게 됩니다. 영어로는 'rebalancing'인데, 're'는 '다시'이고
'balancing'은 '균형 맞추기'이므로 우리말로 하면 '재정돈' 정도가
되죠. 일반적으로 '정기 변경' 또는 '수시 변경'이라는 용어로 사용됩
니다.

리밸런싱의 역할은 크게 두 가지로 나누어 볼 수 있습니다. 첫 번째
는 비중의 재정돈입니다. A라는 주식과 B라는 주식에 50%씩 투자하
기로 한 ETF를 가정해보겠습니다. A주식의 가격은 상승하는데 B주
식의 가격은 하락한다면, 일정 기간이 지나서 A와 B의 비중이 예컨대
70:30이 될 수 있습니다. 그러면 50%씩 투자하기로 했던 애초의 의도
에서 벗어나게 되죠. 그래서 분기 또는 반기별로 A와 B의 비중을 다시
50%씩으로 맞춰줍니다. 이를 통해 포트폴리오를 설계하던 당시의 의

도를 계속 유지할 수 있습니다.

두 번째는 기업과 산업 또는 시장의 변화를 반영하는 재정돈입니다. 반도체 산업에 투자하는 ETF를 생각해보겠습니다. 반도체를 제조하는 '가'와 '나'에 투자했습니다. 그런데 기업 '나'가 반도체 사업을 '다'라는 기업에 매각하고 가전제품을 만드는 기업으로 변신했다면, ETF는 처음 의도한 포트폴리오의 성격을 잃어버리게 됩니다. 이럴 때는 일정 기간마다 '반도체 산업을 영위하는 기업'이라는 기준으로 종목군을 편입 또는 편출합니다. 즉, '나'를 편출하고 '다'를 편입하면 ETF의 성격을 유지할 수 있습니다. 시간이 갈수록 테마 또는 특정 산업을 대표하는 ETF가 증가하고 시장의 변화가 빨라짐에 따라 리밸런싱의 중요성도 점점 커지고 있습니다.

⑤ 거래량 확인하기

ETF를 사거나 팔 때 거래량이 충분하지 않으면, 그 거래에서 얻고자 했던 수익이 줄거나 손실이 발생할 수 있습니다. 100주를 10,000원에 사고자 하는데 10,000원에 매도 물량이 10주밖에 없다면 그다음 가격, 즉 10,000원보다 높은 가격에 매수해야 하기 때문입니다. 10주는 10,000에 매수할 수 있지만 나머지 90주는 더 비싼 가격에 매수해야 하는 것이지요. 심지어 호가 공백이 크다면 최종 매수 단가가 예상보다 훨씬 높아질 수도 있습니다.

팔 때도 마찬가지입니다. 10,000원에 팔고 싶은데 10,000원에 매수 대기 물량이 10주밖에 없다면 90주는 더 낮은 가격에 팔아야 합니다. 그래서 가격만큼 중요한 것이 거래량입니다.

다만, ETF는 앞에서 설명했듯이 LP 제도가 있어서 거래량의 문제가 일부 중·소형 주식처럼 아주 심각하지는 않습니다. 보통 NAV를 기준으로 가격 차이가 1% 이상 나지 않도록 LP가 거래 물량을 공급하거든요. 그럼에도 실제 거래를 하다 보면 매수 또는 매도 물량의 가격대가 촘촘하게 형성되어 있지 않은 상황도 종종 만날 수 있습니다. 순자산 또는 시가총액이 작은 ETF에서 이런 일이 발생합니다.

매매에서 이런 일을 겪고 싶지 않다면 HTS나 MTS(Mobile Trading System, 모바일 트레이딩 시스템)에서 평소 거래량을 확인해보는 게 좋습니다. ETF별로 하루 평균 거래량이 1만 주 이상이면 거래하는 데 크게 문제는 안 될 것입니다.

03

기초지수의
포트폴리오 구성 원칙

ETF가 추적하는 기초지수의 포트폴리오는 '금융투자업 규정'에서 정하는 몇 가지 원칙을 준수해야 합니다.

첫째, 구성 종목의 제한

지수의 구성 종목은 10종목 이상이어야 합니다. ETF를 검색하다 보면 명칭에서 'TOP10'이라는 문구를 자주 발견하게 됩니다. 2024년에 상장된 ETF를 예로 들면 'KODEX AI테크TOP10', 'KCGI 미국S&P500TOP10', 'SOL 미국테크TOP10' 등이 있습니다. 여기서 'TOP10'은 핵심 종목 10개 또는 특정 기준의 상위 종목 10개를 의미하는데, 10개를 지정하는 가장 큰 이유는 지수의 구성 종목 규정 때문입니다. 'WOORI 한국부동산TOP3플러스', 'SOL 자동차TOP3플러스' 등과 같이 핵심 종목의 수 뒤에 '플러스'가 따라오는 이유도 최소 10종목 이상이어야 하기 때문입니다.

⑤ 둘째, 한 종목의 비중 제한

한 종목의 비중이 30%를 초과할 수 없습니다. 그래서 일반적으로 대표 주식을 앞세운 ETF들도 대표 주식의 비중을 15~25%로 결정하는 경우가 많습니다. 2024년 2월에 상장된 비만치료제 ETF를 예로 들어 보겠습니다. 대표적인 비만치료제 제조 기업인 일라이릴리(Eli Lilly), 노보노디스크(Novo Nordisk)를 핵심 주식으로 정하여 상장한 'KODEX 글로벌비만치료제TOP2Plus', 'KBSTAR 글로벌비만산업TOP2+', 'TIGER 글로벌비만치료제TOP2Plus' 등 3개의 ETF는 핵심 종목의 비중을 25~28%로 구성했습니다. 대표 주식이 30%를 초과할 수 없다는 규정을 따른 것이죠.

　일반적으로 은행이나 증권회사 같은 곳에서 판매하는 주식형 공모펀드는 한 종목의 비중이 10%를 초과할 수 없습니다(다만, 시장에서 시가총액 비중이 10%를 초과하는 경우는 예외입니다. 예를 들어 삼성전자는 코스피에서 시가총액 비중이 22% 수준이어서 그 비중까지 담을 수 있습니다). 이와 비교할 때 ETF는 비중이 30%로 제한되더라도 공모펀드보다 특정 종목을 강조할 수 있다는 특징이 있습니다(다만, 예외가 있는데 액티브 ETF는 공모펀드처럼 동일 종목 비중 제한이 10%입니다. 뒤에서 자세히 설명하겠습니다).

⑤ 셋째, 유동성 관련 제한

기초지수의 구성 종목 중 시가총액 비중순으로 85%에 해당하는 종목은 직전 3개월 평균 시가총액이 150억 원 이상이고 거래대금이 1억 원 이상이어야 합니다. 예를 들어 기초지수의 구성 종목이 총 10개이고 비중이 '1번 종목' 30%, '2번 종목' 15%, '3~5번 종목'이 각각 10%, '6~10번 종목'이 각각 5%로 할당되어 있다면 85%에 해당하는 종목은 '7번 종목'이 되죠. 이 종목이 규정상의 시가총액 및 거래대금 조건을 충족해야 한다는 뜻입니다. 종목의 규모가 너무 작으면 매수 또는 매도에 의해 가격이 영향을 받을 수 있기 때문에 최소한의 위험(risk)★을 방지하기 위한 규정이라고 보면 됩니다.

★ 재무 또는 투자론에서 위험은 일정 기간의 수익률 변동성을 의미하며, 손실이 발생할 확률을 의미하지는 않음.

이런 위험관리를 '유동성 위험관리'라고 합니다. 자산운용사에서 별도의 위험관리를 하지 않더라도, 이렇게 대한민국의 금융시장과 관련한 법 또는 규정들이 최소한의 위험관리를 강제하고 있습니다.

04

패시브와
액티브

영어로 'passive(패시브)'는 '수동적'이라는 의미이고, 'active(액티브)'
는 '능동적'이라는 뜻입니다. 금융상품에 이런 단어가 추가되는 경우
가 많은데요. 예를 들어 패시브 펀드는 특정 지수를 (수동적으로) 추종
하는 펀드를 말하고, 액티브 펀드는 펀드매니저의 재량에 따라 (능동적
으로) 운용하는 펀드를 말합니다. ETF도 마찬가지입니다. 다만 일정한
규칙이 있습니다.

💲 상관관계와 상관계수, 기초지수 산출 방법론

규칙을 이야기하기에 앞서 상관관계와 상관계수를 먼저 설명하겠습
니다. A라는 자산과 B라는 자산이 있다고 가정하겠습니다. 만약 A의

가격이 상승할 때 B의 가격도 상승한다면, A와 B는 양(+)의 상관관계를 가진다고 이야기합니다. 반대로 A의 가격이 상승할 때 B의 가격은 하락한다면, A와 B는 음(-)의 상관관계를 가진다고 말합니다. 여기서 상관관계의 정도를 가리키는 통계학 용어가 '상관계수'입니다. 만약 A와 B의 가격 움직임이 동일하다면 둘의 상관계수는 '1'이 됩니다. 반대로 A와 B의 가격이 완전히 반대로 움직인다면 둘의 상관계수는 '-1'입니다. A의 가격과 B의 가격이 도무지 관계가 없다면 '0'의 상관계수를 가진다고 이야기합니다. 결국 두 자산 간의 상관계수는 '-1'과 '+1'이라는 범위 안의 값을 가지게 됩니다(상관계수를 계산하는 방법까지 다루지는 않겠습니다. 만약 더 자세히 알고 싶다면 포털 사이트 또는 통계학 책을 참고하길 바랍니다).

다시 ETF 이야기로 돌아가 보겠습니다. 우선 앞의 용어 설명에서 살펴본 '기초지수'에서 정리한 지수 공급지 웹사이드를 방문하면 지수의 '방법론'이 게시되어 있습니다. 영어로는 'Methodology Book'이라고 적혀 있는데 해당 파일을 열어보면 지수가 어떻게 기획되고 설계됐는지 자세히 설명되어 있습니다(참고로 방법론에는 산출 공식과 전문용어가 많이 기재되어 있어 재무 또는 투자를 깊이 이해하고 있는 사람들에게는 도움이 되지만, 일반 투자자라면 자산운용사 ETF 홈페이지에 요약된 상품 개요 또는 지수 개요만 참고해도 됩니다).

⑤ 패시브 ETF와 액티브 ETF의 상관계수 규정

우리나라 거래소 상장 규정에서 패시브 ETF는 기초지수와의 일간 수익률로 산출한 3개월 상관계수가 '0.9 이상'을 유지하도록 하고 있습니다. ETF의 순자산과 기초지수가 매우 유사하게 움직여야 한다는 의미입니다. 그러므로 패시브 ETF는 기초지수가 중요합니다.

그에 비해 액티브 ETF는 상관계수가 '0.7 이상'으로 규정돼 패시브보다 덜 엄격합니다. '액티브'이기 때문에 운용역(펀드매니저)에게 일정 부분 재량을 허용하는 것입니다. 단, 종목별 투자 한도가 10%(패시브 ETF는 30%)로 제한되어 있습니다.

그런데 일부 액티브 ETF는 특정 종목의 비중이 10%를 초과하기도 합니다. 예를 들어 'KODEX 테슬라커버드콜채권혼합액티브'의 PDF(구성 종목 리스트)를 보면 테슬라(TESLA)의 비중이 25%임을 알 수 있습니다. 또 'ACE 엔비디아밸류체인액티브'도 대표 종목인 엔비디아에 24%의 비중으로 투자하고 있음을 볼 수 있습니다(시점이 바뀌면 비중은 변동될 수 있습니다). 액티브 ETF인데 왜 10%를 초과할까요? 액티브 ETF에 적용되는 예외 규정 때문입니다. 전체 순자산의 50% 이상을 5% 미만의 비중으로 구성하면 특정 종목의 비중을 25%까지 투자할 수 있다는 분산 규정입니다. 즉 상위 몇 종목을 제외한 나머지 종목들의 비중을 5% 미만으로 관리하면 상위 종목의 비중을 늘릴 수 있다는 뜻입니다.

⑤ 패시브와 액티브, 어디에 투자할까

패시브 ETF와 액티브 ETF 중 무엇을 선택할지는 투자자의 성향에 따릅니다.

ETF를 선택하던 시점의 구성 종목이 유지되어 종목들의 수익률을 보면 ETF의 수익률을 예상할 수 있어야 한다고 생각하는 투자자라면, 패시브 ETF를 선호할 것입니다. 그에 비해 운용역이 더 열심히 운용해서 기초지수 대비 초과 수익을 내주기 바라는 투자자라면, 액티브 ETF를 선택하겠지요. 또 ETF의 구조상 특정 대표 종목의 비중이 커야 한다고 생각하는 투자자는 패시브 ETF를 선택할 것입니다. 종목별 투자 한도가 액티브 ETF는 10%지만 패시브 ETF는 30%니까요. 반대로 위험회피 성향이어서 분산투자를 선호하는 투자자라면 액티브 ETF를 선택할 것입니다.

05
환율 헤지 ETF를
선택하는 기준

국내에 상장된 해외 주식 ETF 또는 해외 채권 ETF에 투자하고자 할 때는 반드시 환율(exchange rate)★ 변동 위험에 대한 투자설명서를 확인해야 합 니다. 이 비율이 고정돼 있지 않아 자칫 ETF 투자에서는 수익을 내고도 원화로 바꿀 때 수익이 줄거나 손실이 발생할 수도 있기 때문입니다.

★ 국가 간 통화를 교환할 때의 비율.

    ETF 자체에서 환율에 따른 손익의 변화를 방어하는 행위를 헤지 (hedge)라고 합니다. 'hedge'는 '울타리'라는 뜻으로, 울타리를 쳐서 방어한다는 의미입니다('헤지펀드'에서도 동일한 의미로 쓰입니다). ETF 상 품 이름의 마지막 부분에 '(H)'라고 기재되어 있으면 환율의 변화를 방어하는 상품이라고 이해하면 됩니다. 해외 자산에 투자하는 ETF인 데 아무런 표시가 없거나 '(UH)'('Un Hedge'라는 뜻)라고 쓰여 있으면 환율의 변화를 별도로 방어하지 않고 노출되어 있다는 의미입니다.

환율의 변화를 방어하는 ETF와 방어하지 않는 ETF 중 어떤 것이 더 좋은지는 전적으로 환율시장에 달려 있습니다. 다만 자신의 위험에 대한 성향이나 환율의 방향성에 대한 생각에 따라 적합한 ETF를 선택하면 됩니다. '환율 변동까지 신경 쓰고 싶진 않아'라고 한다면 ETF(H)를 선택하면 되고, '환율이 상승할 것 같아(즉 달러가 강해지고, 원화가 약해질 것 같아)'라고 생각한다면 헤지하지 않는 ETF를 선택하면 됩니다.

환율 헤지와 관련해서 투자자들이 제일 궁금해하는 것이 '헤지 비용'입니다. 환율을 헤지하는 행위가 선물(Futures)이나 옵션(Option) 같은 파생상품의 거래를 동반할 수도 있습니다. 별도의 거래가 발생하는 것이죠. 그리고 거래에서는 반드시 거래 비용이 발생합니다. 특히 환율 헤지는 해당 국가 간 금리 차이와 연동됩니다. 예를 들어 한국의 금리가 3.5%이고 미국의 금리가 5.0%라면, 단순하게 1.5%p의 헤지 비용이 발생합니다. 물론 이는 매우 단순한 논리일 뿐 실제 시장 거래 상황에 따라 다를 수 있습니다. 게다가 거래를 대행 또는 성사시켜주는 증권회사(또는 은행)의 거래 수수료도 고려해야 하죠. 만약 한국의 경제가 미국보다 좋아지거나 그 밖의 이유들로 한국 금리가 미국보다 높아진다면, 환율 헤지 덕에 금리 차이만큼 수익이 발생하게 됩니다.

환율 변동을 신경 쓰고 싶지 않아서 또는 환율이 하락하여 손실을 볼 수도 있다는 걱정으로 헤지(H) ETF를 선택했는데 투자 기간에 환율이 1.5%p 이상으로 변화하지 않는다면, 환율을 헤지하지 않는 ETF를 선택하는 것이 더 좋은 결정이었을 것입니다. 다만 미래는 알 수 없기 때문에 투자자의 성향에 따라 선택하는 것이 합리적입니다.

06
세금과
수수료

$ 세금

ETF를 매매할 때 발생하는 세금은 매매차익과 보유 기간에 따라 매겨집니다(ETF는 주식처럼 거래되지만 '집합투자증권', 즉 펀드이므로 주권 또는 지분에 과세되는 증권거래세는 없습니다).

매매차익에 대한 과세는 크게 국내 주식에 투자하는 ETF와 그 외의 ETF로 나누어 볼 수 있습니다. 국내 주식에 투자하는 ETF는 세금을 부과하지 않는 비과세 대상입니다. 그 외의 해외 주식 또는 채권, 국내 채권, 원자재 등에 투자하는 ETF는 15.4%의 배당소득세가 부과됩니다. 매매차익이지만 세금은 '배당소득세'라는 이름으로 납부하게 되는데, 매매차익을 정산받을 때 세금을 제외한 금액이 입금됩니다. 이런 과정을 '원천징수'라고 부르는데 따로 세금 신고를 하거나 납부할 필요가 없도록 금융회사에서 차감하고 입금한다는 의미입니다.

단 레버리지(X2), 인버스(X-1), 액티브 또는 총수익지수(배당 재투자)를 추종하는 ETF는 보유 기간 과세(아래에서 설명함) 상품입니다. 과세표준* 기준가격(과표기준가)의 상승분과 매매차익 중 적은 금액에 대하여 과세하는데, ETF가 투자하는 국내 주식과 국내 주식 관련 파생상품이 비과세 대상이므로 사실상 과세 대상 금액은 크지 않습니다.

두 번째는 보유 기간에 대한 과세입니다. 쉽게 말하면 ETF를 보유하는 기간에 받는 분배금에 대한 과세입니다. ETF가 투자하고 있는 주식 또는 채권에서 배당이나 이자를 받으면 일정 기간 쌓아놓았다가 투자자에게 현금으로 나눠주는데, 이를 분배금이라고 합니다. 보통은 1, 4, 7, 10월 마지막 거래일(지급기준일*)에 ETF를 보유하고 있는 투자자에게 지급합니다. 이때 배당소득세 15.4%를 원천징수로 차감합니다. 지급기준일이 지나면 다음 영업일에 분배금만큼 ETF 가격이 하락하는 '분배락'이 발생합니다. 주식의 배당락*과 같은 원리입니다.

★ **과세표준** 세율을 적용하게 되는 대상 금액.
★ **지급기준일** 분배금을 지급할 투자자를 정하는 날.
★ **배당락** 회사의 배당 지급이 확정된 날이 지나 배당을 받을 권리가 없어진 주가의 상태.

만약 배당이나 이자 등의 금융소득이 2,000만 원을 초과하면 그 초과분이 종합소득에 합산되어 더 높은 세율을 적용받게 됩니다. 이를 회피하고 싶다면 분배금 지급기준일 2영업일(주식의 결제에 소요되는 기간) 전에 ETF를 매도하여 분배금을 받지 않고 분배락이 발생한 날 다시 매수하는 전략을 실행할 수 있습니다.

⑤ 분배금 지급기준일

최근에는 '월분배', '월배당' ETF가 늘어나고 있는데 ETF별로 지급기준일이 다릅니다. 일반적으로는 매월 마지막 거래일이 지급기준일이 됩니다. 기준일은 해당 운용사 ETF 홈페이지의 안내 문구 또는 홈페이지에서 다운로드받을 수 있는 투자설명서에서 찾아봐야 합니다. 투자설명서는 분량이 많으니 간이 투자설명서를 보거나 파일을 열고 키보드의 찾기(Ctrl+F) 기능을 활용해 '지급기준일'을 찾아보는 것이 좋습니다.

1-6 **투자설명서에서 '지급기준일' 찾기 예시**

나. **투자신탁분배금**

(1) 집합투자업자는 가.이익분배와는 별도로 신탁재산의 과도한 금전 보유 등의 사유로 인한 추적오차율의 최소화 등을 위하여 투자신탁재산내의 현금으로 보유하고 있는 금액을 한도로 하여 다음 각 호에서 정하는 바에 따라 투자신탁분배금을 지급할 수 있습니다. 이 경우 집합투자업자는 투자신탁분배금의 지급기준일로부터 제3영업일전까지 투자신탁분배금 지급에 대한 구체적인 사항을 증권시장에 공시하여야 합니다.

1) 지급기준일 : 매월 마지막 영업일

2) 지급시기 : 지급기준일 익영업일로부터 제7영업일 이내

3) 대상 수익자 : 지급기준일 현재 투자신탁의 수익증권을 보유중인 수익자

4) 분배금 : 지급기준일 대상 수익자의 보유 좌수에 근거하여 집합투자업자가 정하는 분배율을 기준으로 산출한 금액

5) 지급처 : 수익자의 위탁매매계좌(지급기준일에 이 투자신탁의 수익증권을 보유하고 있는 계좌를 말합니다)가 개설되어 있는 판매회사, 지정판매회사 또는 증권회사에서 투자신탁분배금을 지급합니다.

자료: '삼성 KODEX AI테크Top10+15%프리미엄'(현 KODEX AI테크Top10타겟커버드콜) 투자설명서

ETF 기초 다지기　　　　　　　　　　　　　　|　**041**　|

💲 수수료

ETF 자산운용사들의 경쟁이 치열해지면서 수수료 인하 광고를 쉽게 볼 수 있습니다. 특히 코스피200, S&P500과 같은 대표지수를 추종하는 ETF들의 운용보수는 무시할 만한 수준까지 낮아졌죠. 그렇다고 해도 수수료는 반드시 확인해야 합니다. ETF의 수수료는 운용보수 외에 다른 요인들도 있으며, 당장은 작아 보이지만 장기 투자를 하다 보면 생각보다 커질 수 있기 때문입니다.

ETF의 구체적인 비용을 볼 수 있는 문서는 '투자설명서'입니다. 앞에서 이야기했듯이 ETF를 발행한 운용사의 ETF 홈페이지에서 다운로드받을 수 있습니다. 투자설명서는 ETF를 상장하기 전에 투자자들의 이해를 돕기 위해 발행하는 문서로, 대한민국 금융감독원의 승인을 받아야 하는 필수 문서입니다. 투자설명서에는 보수 또는 비용뿐 아니라 투자 전략과 운용역의 이력 그리고 발생 가능한 모든 위험이 기재되어 있으므로 ETF 입문 과정에서 반드시 읽어봐야 하는 문서입니다. 투자설명서를 읽지 않는 것은 금융감독원에서 제공하는 투자자의 알 권리를 포기하는 것과 마찬가지입니다.

〈1-7〉에 예시된 비용을 설명하겠습니다. 먼저 ETF 투자설명서 앞부분에 나오는 투자비용 표를 보면 '투자자가 부담하는 수수료 및 총보수'와 '1,000만 원 투자 시 투자자가 부담하는 투자 기간별 총비용'까지 친절히 설명되어 있습니다. 투자자가 부담하는 '총보수'는 0.37%이고 이는 지정참가회사보수 0.001%를 포함한다고 되어 있죠. 지정참

1-7 ETF 투자설명서의 '투자비용' 예시

명칭	투자자가 부담하는 수수료 및 총보수 (단위: %)					1,000만원 투자시 투자자가 부담하는 투자기간별 총비용 예시(단위: 천원)				
	판매수수료	총보수		동종유형 총보수	총보수·비용	1년	2년	3년	5년	10년
			지정참가회사보수							
○○○상장지수투자신탁	-	0.37	0.001	-	0.5	51	104	161	281	624

1-8 ETF 투자설명서의 '집합투자기구에 부과되는 보수 및 비용' 예시

구분	지급비용(연간%)								
	집합투자업자보수	지정참가회사보수	신탁업자보수	일반사무관리회사보수	총 보수	기타비용	총보수비용	동종유형 총 보수	합성총보수비용(피투자집합투자기구보수포함)
투자신탁	0.329	0.001	0.02	0.02	0.37	0.13	0.5	-	0.5
지급시기	최초설정일로부터 매3개월 후급. 다만, 최초보수계산기간은 최초설정일로부터 최초로 도래하는 분기 종료일까지로 하며, 이후의 보수계산기간은 그 익월부터 매3개월 간을 의미함.				사유 발생시				

자료: 미래에셋자산운용 TIGER ETF 투자설명서

가회사는 자산운용사가 ETF를 발행할 때 설정 및 환매를 담당하는 증권회사를 말합니다.

　총보수 오른쪽에 '총보수·비용'이 0.5%로 나와 있는데, 결국 투자자가 부담하는 총비용은 0.5%가 된다는 표시입니다. 총보수 0.37%와 총보수·비용 0.5% 간에 차이가 있죠? 이 차이에 대해서는 투자설명서 중간 부분에 '집합투자기구에 부과되는 보수 및 비용(또는 수수료)'에 정리되어 있는데(⟨1-8⟩ 참조), 투자설명서의 분량이 많아 찾기가 쉽지는 않습니다.

　이번 예시에서 총보수는 자산운용사의 운용보수인 집합투자업자보수 0.329%와 지정참가회사보수 0.001% 그리고 자산을 맡아주는 신탁업자보수(주로 은행) 0.02%, 펀드의 회계를 정리하는 일반사무관리회사보수 0.02%를 합하여 0.37%가 된다고 나와 있습니다. 여기에 기

타비용이 있는데요. '사유 발생 시'라고 기재된, 운용상 발생하는 각종 비용을 합한 0.13%를 더해 총보수·비용이 0.5%가 되는 것입니다. 결국 가장 단순하게는 투자설명서 앞부분에 나오는 비용 표에서 총보수·비용만 확인해도 됩니다.

07
PR(가격수익률)과
TR(총수익률)

ETF를 고르다 보면 명칭에 'TR'이나 'PR'이라는 글자가 있는 것을 볼 수 있습니다. ETF가 추종하는 지수의 종류를 나타내죠. TR은 Total Return(총수익률)의 약자입니다. PR은 Price Return(가격수익률) 또는 가격지수로 가장 일반적인 개념인데, 주식시장에서 거래되는 가격으로 계산한 수익률을 말합니다.

PR은 배당을 받으면 ETF 분배금 지급일에 투자자에게 현금으로 돌려주는 ETF에 사용됩니다. 그에 비해 TR은 받은 배당 또는 이자를 기존 포트폴리오에 재투자하는 것을 가정하여 계산된 수익률입니다. 투자자에게 현금으로 돌려주는 대신 재투자한다는 의미입니다. 그러므로 기초자산이 동일하다면 시세에서 보이는 가격의 기간별 수익률은 TR이 PR보다 높을 수밖에 없습니다.

이해를 돕기 위해 예를 들어보겠습니다. 최초 시점에 가격이 100원인 주식에 100주를 투자하고 분기 말 주당 5원씩 배당을 받는다고 가정해보겠습니다. 그러면 분기별로 '5원 × 100주'로 계산된 500원의 배당금을 받습니다.

먼저 PR지수를 추종하는 ETF의 수익률부터 보겠습니다. 〈1-9〉에서 보듯이 일반적인 PR지수를 따르는 ETF는 포트폴리오로부터 받는 배당 또는 이자를 투자자에게 현금으로 분배하므로, 투자자가 별도로 추가 투자를 하지 않는 이상 최초 투자 수량이 변하지 않습니다. 따라서 보유한 투자 수량(100주)과 평가 시점의 가격을 곱한 것이 순자산이 됩니다. 사례 기준으로 1년 가격수익률은 다음과 같습니다.

$$\text{PR} \quad \left(\frac{11{,}000 - 10{,}000}{10{,}000} \right) \times 100 = 10\%$$

가격수익률(PR)은 10%이지만 분기별로 500원씩 네 번을 받았으니 시간가치를 고려하지 않는다면 '500원 × 4'인 2,000원을 더해주어야 전체 수익이 되죠. 즉 전체 수익이 3,000원이므로 투자 수익률은 30%가 됩니다.

1-9 PR지수 추종 ETF 예시

	투자 시점	1분기	2분기	3분기	4분기
가격(원) (A)	100	102	105	107	110
주당배당금(원)		5	5	5	5
분배금 지급		-500	-500	-500	-500
투자 수량 (B)	100	100	100	100	100
순자산 (A) × (B)	10,000	10,200	10,500	10,700	11,000

1-10 TR지수 추종 ETF 예시

	투자 시점	1분기	2분기	3분기	4분기
가격(원) (A)	100	102	105	107	110
주당배당금(원)		5	5	5	5
투자 금액(원)	10,000	500	500	500	500
투자 수량	100	4.90	4.76	4.67	4.55
누적 보유 수량 (B)	100	104.90	109.66	114.34	118.88
순자산 (A) × (B)	10,000	10,700	11,515	12,234	13,077

이번에는 TR지수를 추종하는 ETF의 수익률을 보겠습니다.

〈1-10〉에 나와 있듯이, TR은 받은 배당금을 재투자합니다. 분기별로 받은 500원을 해당 분기의 가격으로 나눈 수량만큼 더 보유하게 됩니다. 그러면 4분기 말에는 118.88주를 보유하게 되고 가격 110원을 곱한 13,077원이 순자산총액이 됩니다.

$$TR \quad \left(\frac{13,077 - 10,000}{10,000} \right) \times 100 = 30.77\%$$

앞에서 PR(가격수익률)은 10%였지만 TR(총수익률)은 30.77%가 됩니다. 눈에 보이는 수익률은 TR이 월등히 높지만 PR도 재투자하지 않고 분배 받은 현금까지 고려한 전체 투자수익률은 30%이므로 분배금의 시간가치만큼만 차이가 있는 것입니다.

'PR과 TR 중에 어느 지수를 추적하는 ETF가 좋은가?'라는 질문에 정답은 없습니다. '투자자가 받은 분배금을 어떻게 활용하는가' 또는 '어떤 형태의 투자를 선호하는가'라는 선택의 문제이기 때문입니다.

ETF명	코드	시가총액(백만 원)	ETF명	코드	시가총액(백만 원)
KODEX 200TR	278530	2,259,000	KOSEF 200TR	294400	727,799
KODEX 미국 S&P500TR	379800	1,714,385	KODEX MSCI Korea TR	278540	453,435
TIGER MSCI Korea TR	310970	1,192,353	TIGER 미국 S&P500TR(H)	448290	287,746
KODEX 미국나스닥100TR	379810	1,168,480	RISE 200TR	361580	249,039
KODEX Top5 PlusTR	315930	1,056,510	SOL 200TR	295040	215,325

자료: 한국거래소

08

레버리지와
인버스

한국 주식시장에서 투자자들이 가장 많이 활용하는 ETF가 레버리지 (leverage)와 인버스입니다. 레버리지는 기초자산 가격 변동률의 2배를 추적하며, 인버스는 반대 방향을 추적합니다. 즉 일간 기준으로 자산 가격이 1% 상승하면 레버리지는 2% 상승하고, 인버스는 1% 하락한다는 의미입니다. 중요한 점은 기간이 아니라 일별 등락률 기준이라는 건데요, 투자 기간이 길수록 기대하는 수익률과 실제 수익률이 달라질 수 있습니다. 〈1-12〉에서 볼 수 있듯이, 일간 변동률의 2배와 −1배가 적용됐음에도 기간수익률은 기대와 다르죠. 그러므로 레버리지와 인버스는 단기 방향성 매매 외에 장기 투자에는 적합하지 않습니다. 특히 레버리지와 인버스를 구현하기 위해 선물이라는 파생상품을 사용하는 경우에는 거래 강도 또는 거래 시간의 차이★로 이론

★ 주식시장 거래 종료는 오후 3시 30분이며, 선물 거래 종료는 3시 45분임.

DAY 1

1-12 레버리지와 인버스 수익률 예시

구분	D	D+1	D+2	D+3	D+4	기간수익률(%)
현물 가격	100	101	107	105	103	3.00
일간 등락률(%)		1.00	5.94	-1.87	-1.90	
레버리지 가격	100	102	114.1	109.9	105.7	5.67
일간 등락률(%)		2.00	11.88	-3.74	-3.81	
인버스 가격	100	99	93.1	94.9	96.7	-3.33
일간 등락률(%)		-1.00	-5.94	1.87	1.90	

* D+1부터 D+4까지 레버리지 가격의 일간 등락률은 현물 가격의 일간 등락률의 X2배이며, 인버스 가격의 일간 등락률은 현물 가격의 일간 등락률의 (−1)배가 됩니다. 하지만 기간수익률은 X2배 또는 (−1)배와 차이가 있습니다.

적인 2배 또는 −1배와 차이가 발생하기도 합니다. 국내에 상장된 레버리지·인버스 ETF에 투자하고자 하는 투자자는 금융투자교육원의 레버리지 ETP 교육을 이수해야 합니다.

ETN 트레이딩

ETF를 거래하다 보면 ETN(Exchange Traded Note)도 보게 됩니다. ETN은 법적으로 파생결합증권에 해당합니다. 둘의 가장 큰 차이는 발행 주체에 있습니다. ETF는 자산운용사가 발행하고 ETN은 증권회사가 발행하거든요. 두 번째 차이는 ETF는 수탁은행이 자산을 보관하기 때문에 신용위험(credit risk, 부도위험)이 없는 반면, ETN은 수탁은행을 별도로 두지 않아서 발행하는 증권회사의 신용위험이 있다는 것입니다. 다만 현재 ETN을 발행한 증권회사는 삼성증권, 메리츠증권 등 대형 증권사 10개이기 때문에 신용위험을 크게 걱정할 필요는 없어 보입니다. 세 번째 차이는 ETF는 만기형 채권 ETF를 제외하면 만기가 없는 데 비해 ETN은 1년 이상 20년 이내의 만기를 가진다는 점입니다.

포트폴리오 구성에서도 차이가 있습니다. ETF는 10종목 이상이지만 ETN은 5종목 이상이면 됩니다. 동일 종목 비중이 30% 이내여야

	ETN	ETF
상품 형태	파생상품	펀드
발행사	증권사	자산운용사
만기	1년 이상 20년 이내	없음
최소 종목 수	5종목	10종목
신용위험	있음	없음

한다는 요건은 동일합니다.

투자자 관점에서 볼 때는 상품의 성격에 차이가 있습니다. ETN은 ETF와 비교하여 레버리지나 인버스 등 파생상품을 결합한 형태가 많고, ETF에는 없는 원자재 등의 대체 투자자산이 기초자산인 경우가 많습니다. LP가 있다는 점을 포함해 거래 방식 등 매매에서는 큰 차이가 없습니다. 그러므로 매매에 익숙한 고수라면 트레이딩의 도구로 사용할 수 있습니다.

이하에서는 ETN의 특성이 반영된 상품 중심으로 정리했습니다. ETN 상품에는 레버리지와 인버스 상품이 많습니다. 특히 ETF에는 없는 -2배 인버스까지 상장되어 있는데, 여기서는 인버스와 레버리지는

1-14 변동성(VIX)에 연계된 ETN

ETN명	코드	상장일	최종 거래일	성격
한투 S&P500 VIX S/T 선물 ETN(H)	570088	2023/03/30	2025/03/19	S&P500지수 변동성(환율 헤지)
N2 S&P500 VIX S/T 선물 ETN D	550081	2023/03/06	2025/03/06	S&P500지수 변동성
삼성 S&P500 VIX S/T 선물 ETN	530109	2023/03/06	2025/03/06	
신한 S&P500 VIX S/T 선물 ETN D	500076	2023/03/06	2025/03/06	

1-15 월간 레버리지 ETN

ETN명	코드	상장일	최종 거래일	기초지수
N2 월간 레버리지 방위산업 Top5 ETN	550092	2024/08/01	2027/07/22	방위산업 5종목
N2 월간 레버리지 선진국 1등주 ETN	550088	2024/04/30	2027/04/21	선진 7개국 시가총액 1위
N2 월간 레버리지 코스닥150 선물 ETN	550090	2024/04/30	2029/04/19	코스닥150
N2 월간 레버리지 코스피200 선물 ETN	550089	2024/04/30	2029/04/19	코스피200
N2 US 500 월간레버리지 ETN(H)	550076	2022/11/28	2027/11/08	미국 시가총액 상위 500

제외하고 기준이 되는 ETN(X1)만 정리했습니다. 다만, 매일의 변동률이 아닌 월간 변동률의 레버리지 상품은 ETN만 존재하므로 별도로 구분했습니다. 상품별 자세한 사항은 해당 증권사 홈페이지를 참고하기 바랍니다. 추가로, 여기 쓰인 자료는 한국거래소 정보데이터시스템과 해당 ETN 기초지수 방법론을 기반으로 작성됐음을 밝힙니다.

〈1-14〉에서 볼 수 있는 VIX(Volatility Index)는 미국 시카고옵션거래소에서 산출하는 변동성 지수입니다. S&P500지수의 옵션 가격에 내재된 변동성으로 계산되는데, 주가지수가 하락하면 상승하는 특성이 있습니다. 다만 인버스 ETF처럼 기초지수의 하락에 비례하여 상승하는 게 아니라 변동폭이 더 큰 경우가 많기 때문에 주의할 필요가 있습니다.

〈1-15〉의 목록은 일간 변동성의 2배가 아닌 월간 변동성의 2배를 추적하는 ETN입니다.

〈1-16〉에서는 기초자산이 동일한 경우에는 시가총액이 가장 큰 ETN으로 정리했고, 레버리지와 인버스는 제외했습니다. ETN 명칭을 보면 'KRX금현물'을 제외하면 모두 선물에 투자하기 때문에 만기에

1-16 원자재 ETN

ETN명	코드	상장일	최종 거래일	기초자산
신한 WTI원유 선물 ETN(H)	500015	2015/10/28	2025/10/29	원유
신한 브렌트원유 선물 ETN(H)	500004	2015/04/15	2025/04/28	
KB 천연가스 선물 ETN(H)	580020	2021/06/03	2026/05/25	천연가스
미래에셋 KRX금현물 Auto-KO-C 2810-01 ETN	520066	2023/10/26	2028/10/20	귀금속
신한 은 선물 ETN(H)	500017	2015/10/28	2025/10/29	
한투 플래티넘 선물 ETN	570052	2021/02/25	2026/02/20	
신한 구리 선물 ETN(H)	500018	2016/02/25	2026/02/25	산업금속
메리츠 대표 농산물 선물 ETN(H)	610034	2021/12/16	2026/11/25	농산물
대신 밀 선물 ETN(H)	510015	2021/03/08	2026/02/24	
신한 옥수수 선물 ETN(H)	500013	2015/10/28	2025/10/29	
신한 콩 선물 ETN(H)	500023	2016/10/27	2026/10/28	

1-17 통화 ETN

ETN명	코드	상장일	최종 거래일	기초자산
키움 미국달러선물 ETN	760001	2022/04/26	2025/04/24	미국 달러화
신한 달러인덱스 선물 ETN(H)	500011	2015/07/03	2025/07/29	
한투 S&P 엔달러 선물 ETN(H)	570097	2023/08/10	2028/07/25	
신한 S&P 유로 선물 ETN(H)	500078	2023/06/02	2026/05/20	유로화
메리츠 KAP 일본 엔화 ETN	610068	2023/10/20	2033/10/17	일본 엔화
메리츠 KAP 중국 위안화 ETN	610071	2023/10/20	2033/10/17	중국 위안화
메리츠 인도 루피화 ETN	610082	2024/08/14	2034/08/09	인도 루피화
메리츠 멕시코 페소화 ETN	610080	2024/08/14	2034/08/09	멕시코 페소화

롤오버(roll over)로 인한 추가 비용이 발생합니다(DAY 4 참조). 그러므로 장기간 보유하면 시세에서 보이는 수익률보다 ETN의 수익률이 낮을 수 있습니다.

〈1-17〉에서는 기초자산이 동일한 경우에는 시가총액이 가장 큰 ETN으로 정리했고, 레버리지와 인버스는 제외했습니다. 원자재 ETN과 마찬가지로 선물을 사용하는 ETN의 장기 보유 수익률은 시세와 다를 수 있습니다.

〈1-18〉은 코스피200지수의 콜옵션과 풋옵션을 매도하는 양매도 옵션 전략입니다. 양매도 ETN은 상장일 기준 코스피200지수의 수준에서 등락폭이 작을 경우 콜옵션과 풋옵션 두 가지 옵션의 매도를 통해 프리미엄을 수취하는 수익구조입니다(DAY 3 참조). 그러나 코스피

1-18 옵션 전략 ETN (양매도)

ETN명	코드	상장일	최종 거래일	기초자산
삼성 코스피 양매도 5% OTM ETN	530060	2018/11/07	2028/09/14	코스피200 콜옵션과 풋옵션 매도
한투 코스피 양매도 3% OTM ETN	570029	2018/08/28	2028/08/10	
한투 코스피 양매도 5% OTM ETN	570019	2017/05/29	2027/05/12	
미래에셋 코스피 양매도 5% OTM ETN	520026	2018/11/07	2028/10/12	
N2 코스피 변동성 매칭형 양매도 ETN	550057	2018/12/12	2028/11/09	

1-19 옵션 전략 ETN (버퍼)

ETN명	코드	상장일	최종 거래일	기초자산
N2 S&P500 버퍼10% 12월 ETN(H)	550079	2022/11/28	2026/12/28	S&P500 콜옵션 매수, 매도 풋옵션 매도
N2 S&P500 버퍼10% 3월 ETN(H)	550077	2022/11/28	2026/12/28	
N2 S&P500 버퍼10% 6월 ETN(H)	550078	2022/11/28	2026/12/28	
N2 S&P500 버퍼10% 9월 ETN	550066	2021/10/06	2026/09/23	

지수가 정해진 범위를 벗어나 하락하거나 상승한다면 손실을 볼 수 있습니다.

〈1-19〉는 S&P500 OTM 콜옵션과 OTM 풋옵션을 매도하고, ATM 콜옵션을 매수하는 전략입니다(OTM과 ATM은 DAY 3 참조). 이를 버퍼 (buffered) 전략이라고 부르는데 미국에는 여러 개의 ETF가 상장되어 있습니다. 버퍼 전략은 매도하는 콜옵션의 행사가격을 ETN 또는 ETF 상품의 수익률 상단(Cap)으로 합니다. ATM 풋옵션을 매수하여 손실을 방어하되, 다시 OTM 풋옵션을 매도하기 때문에 매도하는 풋옵션의 행사가격부터는 손실이 발생하는 구조입니다. 현재 존재하는 옵션 전략 중에서는 가장 복잡한 구조이지만 일종의 손실 방어 성격을 가진 상품이라고 이해하면 됩니다.

ETF란?

- ETF는 주식처럼 사고 팔 수 있는 펀드입니다.
- 1만 원으로도 살 수 있습니다.
- ETF는 기초지수를 추적합니다.
- 기초지수는 10종목 이상으로 구성되어야 하며, 단일 종목의 비중이 30%를 넘지 못합니다.

액티브 ETF

- ETF 이름에 '액티브'가 있으면 펀드매니저의 일부 재량이 있습니다.
- 액티브 ETF는 단일 종목의 비중이 10%를 넘지 못합니다.
- 대표적인 액티브 ETF 브랜드는 TIMEFOLIO와 KoAct입니다.

환율과 세금

- ETF 이름 뒤에 '(H)'가 있으면 원/달러 환율 변동을 헤지(Hedge, 변동하지 않도록 고정)합니다.
- 국내 주식 ETF의 매매차익은 비과세고 배당만 15.4% 과세됩니다.
- 해외 주식 또는 채권 ETF는 매매차익과 배당 모두 15.4% 과세됩니다.
- ETF 운용보수는 상품별로 다르니 꼭 확인하세요.

TR과 레버리지

- 'TR'은 'Total Return'의 준말이고, 배당과 이자 등 투자 기간에 발생하는 현금을 분배하지 않고 재투자한다는 의미입니다.
- 레버리지와 인버스는 단기 트레이딩에만 사용하세요.

AI 밸류체인
&
메가 트렌드 ETF

AI 밸류체인

AI는 Artificial Intelligence의 첫 글자를 따서 만든 용어로, '사람이 만든 지능'이라는 의미입니다. 2022년 12월 챗GPT(ChatGPT)가 세상에 알려지면서 이제 AI는 일상적인 대화에서도 화두가 되고 있습니다. 코로나 팬데믹 전에 혁신의 대명사였던 '4차 산업 혁명'은 구세대 용어가 된 것 같고, 기업들의 경영 슬로건이었던 '디지털 전환(Digital Transformation)'도 마찬가지입니다. 경영만이 아니라 정치와 법률, 심지어 교육에서도 AI를 이야기해야 뒤처지지 않는 것으로 여겨질 정도입니다.

실제 AI의 생산성 또는 정확성 등에 대한 논쟁은 여전합니다. 또 실생활에 꼭 필요한 것인지에 대한 의문도 있습니다. 그러나 기업들의 투자, 곧 돈의 흐름은 명확히 AI를 향하고 있습니다.

ETF시장에도 AI 관련 산업에 투자하는 ETF가 속속 등장하고 있습니다. 2024년 7월 기준으로 명칭에 'AI'가 포함된 ETF는 28개입니다. 2023년에 상장된 ETF가 13개인데 2024년에는 7월까지 이미 12개가 상장됐습니다.

여기서 한 가지 유의할 점은 AI 관련 주식에 투자하는 ETF와 AI가 운용하는 ETF를 구분해야 한다는 것입니다. 'FOCUS AI코리아액티브(448570)', 'TIGER AI코리아그로스액티브(365040)', 'WON AI ESG액티브(413930)' 등 3개는 AI 관련 주식에 투자하는 ETF가 아니라 AI가 운용하는 액티브 ETF입니다.

기술 발전이 추동한 메가 트렌드

근래 형성되는 트렌드 중에서 기술의 영향을 받지 않는 것은 거의 없습니다. 심지어 반작용으로 나타나는 디지털 디톡스나 마음챙김 같은 것도 마찬가지죠. 앞서 다룬 AI 밸류체인 외에 기술 발전이 이끈 굵직굵직한 테마를 살펴보고자 합니다. 가장 먼저 건강과 관련해 비만치료제와 세포유전자치료 분야를 짚어보고, 테슬라의 기술과 관련 ETF를 살펴봅니다. 그 밖에 에너지, 로보틱스, 방위산업, 자동차와 은행주 부분에서 주목할 만한 최신 소식과 상장된 ETF를 소개하겠습니다.

01

AI 밸류체인
이해하기

'밸류체인(value chain)'은 '가치사슬' 또는 '공급망'이라는 뜻으로, 제품 또는 서비스가 원재료부터 소비자에게 전달되기까지 거쳐 가는 단계를 말합니다.

AI 밸류체인은 반도체부터 시작할 수 있습니다. 반도체가 있어야 AI가 작동하니까요. 그리고 AI의 대명사인 오픈AI(Open AI)의 챗GPT 또는 구글(Google)의 제미니(Gemini)와 같은 생성형 AI 또는 대규모언어모델(Large Language Model, LLM)이 있습니다. 인터넷에 존재하는 대부분 문서 또는 콘텐츠로 학습되어 채팅으로 물어보면 답을 해주는 AI 모델입니다. 글로 명령하면 이미지도 그려주고 번역도 해주고 문서도 만들어주죠. 최근에는 말로 물었을 때 음성으로 답해주는 수준에 이를 만큼 발전했습니다.

하지만 아직 GPT를 사용하지 않아도 일상생활에 큰 어려움은 없습니다. 그래서 기업들은 AI를 활용한 각종 소프트웨어 서비스를 개발하고 상품화합니다. 우리도 모르게 일상에 깊이 스며들고 있는 것입니다. 최근에는 휴대전화, 즉 전자기기 자체에 AI 기능이 탑재되는데 이를 '온디바이스 AI(On Device AI)'라고 합니다.

지금까지 이야기한 반도체, 생성형 AI 그리고 소프트웨어 서비스와 온디바이스 AI 등 일련의 단계를 AI 밸류체인이라고 합니다. 또한 여

2-1 AI 서버와 AI 데이터센터 구조도

자료: 바바리안리서치

2-2 AI 밸류체인과 대표 기업 예시

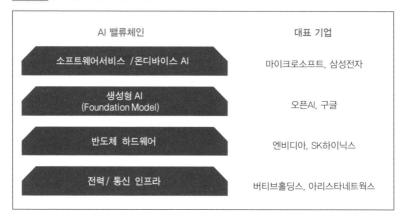

AI 밸류체인	대표 기업
소프트웨어서비스 /온디바이스 AI	마이크로소프트, 삼성전자
생성형 AI (Foundation Model)	오픈AI, 구글
반도체 하드웨어	엔비디아, SK하이닉스
전력 / 통신 인프라	버티브홀딩스, 아리스타네트웍스

자료: 〈한국경제신문〉

러 개의 반도체를 모아 데이터를 저장하는 장소를 데이터센터라고 하는데(〈2-1〉 참조), 최근에는 데이터센터의 전력 부족 문제가 심각해지고 있습니다. 그래서 전력 인프라(infra)까지 AI 밸류체인에 포함하고 있습니다. 전기가 있어야 반도체가 작동하기 때문입니다. AI 밸류체인과 대표 기업들을 〈2-2〉에 정리해두었습니다.

미래를 주도할
AI 반도체

주식에 관심이 없는 사람이라도 '엔비디아'라는 기업명은 들어봤을 것입니다. 세계적으로 AI 반도체를 대표하는 미국 기업이죠. 2024년 7월 기준, 지난 5년 동안 주가가 약 3,000% 상승했고 미국에서 시가총액 3위까지 등극하며 AI의 대명사가 됐습니다. 한때는 애플(Apple)과 마이크로소프트(Microsoft)를 넘어 미국 주식시장에서 시가총액 1위에 오르기도 했습니다.

반도체의 종류에는 크게 두 가지가 있습니다. 연산하는 반도체와 저장하는 반도체입니다. 삼성전자와 SK하이닉스가 제조하는 반도체는 저장하는 반도체, 즉 메모리 반도체입니다. 연산하는 반도체는 CPU(중앙처리장치)라고 하는데 미국의 인텔(Intel)과 AMD가 대표적인 제조 기업입니다. 대규모 데이터를 처리해야 하는 AI가 작동하려면, 기존의 반도체로는 감당이 안 됩니다. 저장하는 반도체 부분에서도 더 많은

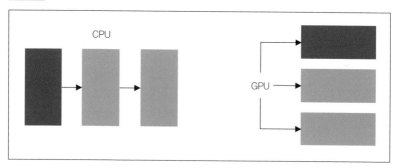

양을 처리할 수 있는 '고대역폭 메모리 반도체'가 필요한데, 이를 전문용어로 'HBM(High Bandwith Memory) 반도체'라고 합니다. 메모리 반도체를 제조하는 삼성전자와 SK하이닉스 그리고 미국 마이크론테크놀로지(Micron Technology)의 사업 영역입니다. 연산하는 반도체 부분에서도 CPU 외에 GPU(그래픽반도체)가 필요합니다. 초등학교 과학 시간에 배운 전지와 전구를 생각하면 이해하기 쉬운데요. CPU는 직렬연결처럼 순서대로 데이터를 처리하는 데 반해 GPU는 병렬연결 구조여서 동시에 여러 데이터를 처리할 수 있습니다. 서두에 언급한 엔비디아가 바로 GPU를 제조하는 기업입니다.

AI 반도체 ETF에는 어떤 상품이 있을까요? 크게 두 가지로 나눌 수 있습니다. GPU를 제조하는 엔비디아 중심의 미국 AI 반도체 ETF와 HBM 반도체를 제조하는 국내 AI 반도체 ETF입니다.

먼저 미국 AI 반도체 ETF를 살펴보면 '엔비디아(NVDA★)에 어느 정도의 비중으로 투자하는가?',

★ 엔비디아라는 기업의 티커(ticker). 한국 주식시장에서 쓰이는 종목의 코드라고 볼 수 있으며, 예컨대 삼성전자를 가리키는 '005930'과 같은 역할을 함.

'반도체 업종 외의 생성형 AI 관련 종목도 포함하는가, 아니면 로봇 등 다른 테마의 주식들에 동시에 투자하는가?' 등의 질문으로 나누어 볼 수 있습니다. 미국 '빅테크(Big Tech, 대형 IT 기업)'라는 명칭의 ETF도 구성 종목은 유사하나, 여기서는 'AI' 명칭이 있는 ETF 중심으로 살펴보겠습니다.

〈2-4〉의 목록 중 'ACE 엔비디아밸류체인액티브', 'SOL 미국AI반도체칩메이커', 'KOSEF 글로벌AI반도체'는 엔비디아에 집중 투자하면서

2-4	미국 AI 반도체 주식에 투자하는 국내 상장 ETF			
투자 대상	ETF명	코드	특징
AI 반도체 집중 투자	ACE 엔비디아밸류체인액티브	483320	엔비디아 18% + 반도체 밸류체인
	ACE 엔비디아채권혼합블룸버그	448540	엔비디아 30%, 채권혼합 (국내 채권 70%)
	SOL 미국AI반도체칩메이커	479620	엔비디아 25% + 반도체 밸류체인
	KOSEF 글로벌AI반도체	473490	엔비디아 26% + 반도체 밸류체인
AI 반도체 포함 밸류체인	KODEX 미국AI테크TOP10	485540	AI 빅테크 10종목
	KODEX 미국AI테크TOP10 타겟커버드콜	483280	AI 빅테크 10종목 + 커버드콜
	RISE 미국AI밸류체인TOP3Plus	485690	AI 반도체 + 소프트웨어 + 인프라
	TIMEFOLIO 글로벌AI 인공지능액티브	456600	글로벌 AI 액티브
	TIGER 글로벌AI액티브	466950	글로벌 AI 액티브
	HANARO 글로벌생성형AI 액티브	461340	글로벌 AI 액티브
AI 반도체 + 다른 테마	TIGER 글로벌AI&로보틱스 INDXX	464310	AI + 로보틱스
	KoAct 글로벌AI&로봇액티브	471040	AI + 로보틱스
	DAISHIN343 AI반도체& 인프라액티브	486240	AI + 인프라

자료: 각 운용사 ETF 홈페이지(기준일: 2024.7.3)

ETF 투자 7일 완성

밸류체인에 포함된 반도체 종목들을 포함하는 주식형 ETF입니다. 엔비디아 주식 가격의 움직임과 가장 잘 연동되어 있다고 보면 됩니다.

표에서 투자 대상이 'AI 반도체 포함 밸류체인'으로 분류된 ETF는 엔비디아를 포함하지만 마이크로소프트 등 반도체 이외의 미국 빅테크 기업들에도 투자합니다. 'AI 반도체 + 다른 테마'로 분류된 ETF는 로보틱스와 인프라 등 다른 테마와 혼합되어 있어 엔비디아와 상관관계가 다소 낮을 수 있지만 방향성은 유사할 것입니다.

주식형이 아닌 ETF도 있습니다. 'ACE 엔비디아채권혼합블룸버그'는 국내 채권이 70% 포함된 채권혼합형입니다. 엔비디아 한 종목에 30% 투자하지만 채권혼합형이기 때문에 변동성이 작습니다. 'KODEX 미국AI테크TOP10타겟커버드콜'은 커버드콜(Covered Call) 전략이 혼합된 ETF인데, 이 전략에 대해서는 DAY 3에서 자세히 살펴보겠습니다. 결론만 이야기하자면 'KODEX 미국AI테크TOP10' 주식형 ETF와 포트폴리오는 동일하지만 연간 15%의 월분배금을 목표로 나스닥100지수의 Weekly(주간) 콜옵션을 매도하는 커버드콜 전략을 혼합한 것입니다. 그러므로 월 1~1.25%의 분배금을 지급하는 대신 주식 포트폴리오 상승에는 70% 수준으로 참여합니다. 하락은 그대로 반영되지만 변동성이 커지면 콜옵션 매도 프리미엄(premium)★도 함께 커지기 때문에 주식형보다는 변동성이 작을 수 있습니다. 이상의 내용을 지금은 이해하기 어려울 텐데요, DAY 3의 커버드콜 전략에 대한 설명을 읽고 다시 보면서 적용해가면

★ 옵션의 가격을 의미하는 금융 용어. 옵션을 매도하면 받게 되는 것으로, 콜옵션 매도 전략인 커버드콜의 수익 원천임.

이해가 될 것으로 생각합니다.

참고로 '매그니피센트 7(Magnificent 7)'이라는 미국 빅테크 7종목이 있습니다. 마이크로소프트, 애플, 엔비디아, 아마존(Amazon), 구글, 테슬라, 페이스북(Facebook) 등 미국 주식시장을 주도해온 7종목에 붙여진 별명입니다. 〈황야의 7인〉이라는 영화 이름에서 따왔고, 줄여서 'M7'이라고도 이야기합니다. 한편 라이트스트리트캐피털(Light Street Capital) 창립자인 글렌 캐처(Glen Kacher)가 마이크로소프트, 엔비디아, TSMC, 브로드컴(Broadcom), AMD 등 AI 관련 주식 5종목에 'AI5'라는 별명을 붙여주기도 했습니다. 'AI테크TOP10'은 삼성자산운용에서 M7과 AI5를 합쳐 고안한 명칭입니다. 마이크로소프트와 엔비디아가 중복되므로 두 조합을 합치면 10종목이 됩니다.

국내 주식에 투자하는 AI 반도체 ETF를 〈2-5〉에 정리했습니다. 삼성전자와 SK하이닉스가 제조하는 HBM 반도체를 중심으로 한 테마

2-5 한국에 상장된 AI 반도체 주식에 투자하는 ETF

투자 대상	ETF명	코드	특징
AI 반도체 포함 밸류체인	ACE AI반도체포커스	469150	삼성전자 + SK하이닉스 50% 이상
	DAISHIN343 AI반도체&인프라액티브	486240	삼성전자 + SK하이닉스 + 전력 인프라
	UNICORN 생성형AI강소기업액티브	470310	SK하이닉스 + 밸류체인
AI 반도체 소부장	SOL AI반도체소부장	455850	한미반도체 + 소부장 밸류체인
	KODEX AI반도체핵심장비	471990	
	TIGER AI반도체핵심공정	471760	

자료: etfcheck.com(기준일: 2024.9.6)

입니다. 두 종목을 포함하여 장비와 소재를 공급하는 중·소형주들로 구성된 ETF와 한미반도체를 중심으로 한 소부장(소재와 장비) 종목들로만 구성된 ETF가 있습니다.

'ACE AI반도체포커스'는 삼성전자와 SK하이닉스의 비중이 50%가 넘습니다. 그리고 HBM 반도체 소재와 장비 업체들로 구성되어 있습니다. 'DAISHIN343 AI반도체&인프라액티브'는 삼성전자, SK하이닉스를 포함하고 관련 소부장 업체와 HD일렉트릭 등 전력기기 업체들로 구성되어 있습니다. 'UNICORN 생성형AI강소기업액티브'는 액티브 ETF이기 때문에 포트폴리오의 변화 가능성이 상대적으로 크지만, 2024년 9월 현재로는 SK하이닉스와 한미반도체 등 HBM 반도체 관련 종목들과 루닛·뷰노 등 AI를 활용하는 서비스 기업들에도 투자하고 있습니다.

표에서 투자 대상이 'AI 반도체 소부장'으로 분류된 ETF는 삼성전자와 SK하이닉스는 포함하지 않습니다. 한미반도체를 중심으로 한 HBM 반도체 소부장 기업 중심의 포트폴리오에 투자하는 ETF입니다.

AI 밸류체인의 최상단, 소프트웨어

AI 밸류체인의 최상단은 소프트웨어입니다. 결국 소비자들이 사용하는 서비스로 이어져야 하니까요. 하지만 아직은 반도체 중심으로 이익 성장이 집중되고 있는데, 서비스를 제공해야 하는 테크 기업들이 인프라를 먼저 만들어야 하기 때문입니다. 앞으로 인프라가 갖춰지고 서비스가 제공되기 시작하면 소프트웨어 서비스 기업으로 이익 성장이 확산될 것입니다.

소프트웨어의 대표 기업은 마이크로소프트로, 티커는 'MSFT'입니다. 우선 생성형 AI 챗GPT를 만든 오픈AI의 최대 투자기업이죠. 그리고 전 세계 컴퓨터에 윈도(Window)를 제공하며 워드·엑셀·파워포인트 등 MS오피스365를 사용하는 약 3억 6,000만 명의 고객을 보유한, 미국 시가총액 1·2위를 다투는 기업입니다. 마이크로소프트는 이미 보유한 서비스에 AI를 적용해나가고 있습니다. MS오피스에 적용되는

'Co-pilot'이 대표적인데 'Co'는 함께, 'pilot'은 '조종사'라는 뜻으로 '함께 조종한다'라는 의미가 있습니다. 2023년 11월부터 유료화 서비스를 확대해왔으며, 이익 성장 가시화를 눈앞에 두고 있습니다.

그리고 구글이 있습니다. 검색 시장의 강자로서 유튜브(YouTube)와 클라우드 데이터센터 사업도 영위하고 있으며, 미국 주식시장에 상장된 종목명은 알파벳(Alphabet)이고 티커는 'GOOG(또는 GOOGL)'입니다. 2015년 우리나라 이세돌 9단과 반상 대결을 벌이며 알려진 '알파고'의 모기업으로, 생성형 AI 제미니도 보유하고 있습니다.

PDF, 포토샵으로 유명한 어도비(Adobe)라는 기업도 있습니다. 티커는 'ADBE'입니다. 글로 입력하면 2D 또는 3D 이미지를 만들어주고 영상도 편집해주는 서비스를 제공합니다. 기존 포토샵, 일러스트레이터 등 디자이너들이 꼭 사용해야 하는 프로그램에 AI 서비스를 결합하여 '파이어플라이(Firefly)'라는 묶음 상품을 출시해 가격을 인상하는 사업을 진행하고 있습니다.

소프트웨어 서비스의 또 다른 축은 사이버 보안입니다. AI 서비스가 확대될수록 중요해지는 영역이죠. 데이터 지키는 강아지 데이터독(DataDog, DDOG), 국방 사이버 지킴이 팔란티어테크놀로지(Palantir Technologies, PLTR) 등이 대표적인 AI 사이버 보안 기업입니다.

소프트웨어 ETF에서는 마이크로소프트와 구글이 대표 종목으로 꼽힙니다.

투자 대상	ETF명	코드	특징
	SOL 미국AI소프트웨어	481180	소프트웨어 밸류체인
소프트웨어	ACE 마이크로소프트밸류체인액티브	483330	마이크로소프트 20% + 소프트웨어 밸류체인
	ACE 구글밸류체인액티브	483340	구글(알파벳) 20% + 소프트웨어 밸류체인

자료: 각 운용사 ETF 홈페이지(기준일: 2024.7.3)

　'SOL 미국AI소프트웨어'는 국내 상장된 ETF 중에서 유일하게 포트폴리오 100%가 AI 관련 미국 소프트웨어 기업만으로 구성되어 있습니다. 'ACE 마이크로소프트밸류체인액티브'와 'ACE 구글밸류체인'은 각각 대표 기업인 마이크로소프트와 구글을 20% 수준으로 투자하면서 '생성형 AI'와 'AI 클라우드'를 키워드로 AI 밸류체인 기업들에 투자하는 ETF입니다.

04

지속 가능한 미래, AI 인프라와 원자력

국제에너지기구(IEA)의 발표에 따르면, 2026년에는 데이터센터와 AI 산업으로부터 발생하는 전력 소비가 2022년의 2배 이상이 될 것으로 전망됩니다. IEA는 글로벌 데이터센터 전력 소비가 2022년 460테라 와트시에서 2026년 1,000테라와트시 이상이 될 것으로 추정했는데, 이는 일본의 국가 전력 소비와 유사한 규모라고 합니다.

데이터센터는 기업들이 추진하는 디지털 전환의 핵심 인프라입니 다. 무한대로 쌓여가는 데이터는 처리하고 저장하는 데 전력이 필요합 니다. 컴퓨팅 파워에 40%, 전력 소모로 인한 열을 식히기 위한 냉각장 치에 40%가 사용되며 나머지 20%는 수요처의 IT 주변장치에 할당됩 니다. 열을 식히는 전력이 많이 소모되니 데이터센터 냉각장치를 공급 하는 버티브홀딩스(Vertiv Holdings, VRT)가 2023년 이후 2024년 6월까 지 550% 상승한 점이 이해될 만하죠.

발전원으로는 원자력이 주목받고 있습니다. 석탄·석유 등은 탄소중립이라는 글로벌 추세를 거스르는 발전 연료입니다. 화석연료가 지구 온난화와 기후변화에 실제 얼마나 영향을 주는가에 대한 논란은 과학자와 정치가들의 영역입니다. 기업과 투자자에게는 시장의 흐름이 중요하죠. 태양광과 풍력은 기상의 변화에 영향을 받습니다. 날씨가 흐리거나 바람이 불지 않으면 전력을 생산하기 어렵습니다. 이런 특성을 '간헐성'이라고 하는데요. 간헐성에 대한 대안이 이차전지를 기반으로 한 에너지 저장장치인 ESS(Energy Storage System)입니다. 해가 잘 비칠 때 또는 바람이 잘 불 때 생산한 전력을 보관했다가 그렇지 않을 때 사용한다는 개념입니다.

이 모든 요인을 고려할 때, 경제성과 시간이라는 관점에서 현실적인 대안은 '원자력'이라는 쪽으로 의견이 수렴되고 있습니다. 컨센서스(consensus)가 형성되고 있다는 이야기입니다. 원자력 중심의 미국 전력 생산 기업, 즉 유틸리티(utility) 기업으로는 컨스틸레이션에너지(Constellation Energy, CEG)가 있습니다. 전력의 70% 이상을 원자력으로 생산합니다.

또 차세대 원자력 발전으로 관심을 가져야 하는 분야가 소형 원자로(Small Module Reactor, SMR)입니다. 우리가 알고 있는 대형 원자력 발전소는 규모가 클 뿐 아니라 바다 근처에 있어야 하는 등 입지도 중요합니다. 원자로를 식힐 냉각수가 필요하기 때문입니다. 또 위험하다는 인식도 강하죠. 그런데 소형 원자로는 상대적으로 안전하고, 필요한 곳에 적합한 규모로 설치할 수 있습니다. 소형 원자로 개발을 진행하고 있는 미국 기업으로는 뉴스케일파워(NuScale Power, SMR)가 있습니다. 우리나라 두산에너빌리티 등과도 이미 협업 중입니다. 오픈 AI의 CEO 샘 올트먼(Sam Altman)이 투자해서 유명해진 오클로(Oklo, OKLO)도 있습니다. 마이크로소프트 창업자인 빌 게이츠(Bill Gates)는 테라파워(TerraPower)라는 기업에 투자하고 있습니다. 이렇듯 빅테크 거물들도 원자력 또는 소형 원자로에 선제적인 투자를 하고 있다는 사실은 눈여겨볼 만한 대목입니다.

2024년 7월에만 전력 인프라 주식에 투자하는 ETF가 4개 상장됐는데, 미국에 상장된 종목에 투자하는 ETF와 국내 상장된 종목에 투자하는 ETF로 나누어 볼 수 있습니다.

먼저 미국에 상장된 종목에 투자하는 ETF의 구성 종목을 보면, 원자력 발전을 기반으로 한 전력 생산 기업인 컨스털레이션에너지와 데이터센터 서버 냉각 솔루션 제공 기업인 버티브홀딩스가 대표 종목입니다. 'KODEX 미국AI전력핵심인프라'는 전력 인프라 관련 종목 10개에 압축 투자합니다. 앞서 언급한 두 종목 외에는 데이터센터 통신 네트워크 인프라를 공급하는 아리스타네트웍스(Arista

2-7 전력 인프라 ETF

ETF명	코드	포트폴리오
KODEX 미국AI전력핵심인프라	487230	미국 전력 인프라 TOP 10종목
SOL 미국AI전력인프라	486450	미국 전력 인프라 10 + 원자력 10
KODEX AI전력핵심설비	487240	한국 전력 설비 집중 투자
KoAct AI인프라액티브	487130	한국 전력 인프라, 반도체, 네트워크 액티브 운용

Networks, ANET)와 전력 설비 및 부품을 제조하는 이튼코퍼레이션 (Eaton Corporation, ETN), 공조(환기)·냉각 설비 업체 트레인테크놀로지스(Trane Technologies, TT) 등을 포함하고 있습니다.

'SOL 미국AI전력인프라'는 전력 인프라 10종목과 원자력 10종목에 투자합니다. 키워드 '전력 인프라'에는 버티브홀딩스를 필두로 이튼코퍼레이션과 제너럴일렉트릭(General Electric)이 3개로 분할 후 재상장한 기업 중 시장의 주목을 받고 있는 GE버노바(GE Vernova, GEV), 태양광과 풍력 등 신재생에너지를 중심으로 전력을 생산하는 넥스트에라에너지(Nextera Energy, NEE) 등이 포함되고, '원자력' 키워드에는 컨스털레이션 외에 소형 원자로로 주목받는 뉴스케일파워와 오클로 등이 포함됩니다.

한국 주식에 투자하는 ETF에서는 HD현대일렉트릭, LS ELECTRIC, 효성중공업 등 전력기기를 제조하는 기업들이 대표 종목입니다. 'KODEX AI전력핵심설비'는 전력기기 세 종목의 비중이 56%(2024년 7월 11일 기준)이며, 지주회사인 LS까지 포함하면 72%가 집중 투자되는 TOP10 포트폴리오입니다. 'KoAct AI인프라액티브'는 전력 인프라 외에 반도체와 네트워크 관련 주식까지 포함하는 액티브 ETF입니다. 27개 종목에 분산투자 하며, 가격 상승에 따른 비중 증가를 제외하면 한 종목의 비중이 10%를 초과하지 않습니다.

05

혁신의 중심, 온디바이스 AI

온디바이스 AI는 AI가 휴대전화와 같은 전자기기에 탑재되는 것을 말합니다. 예를 들어 삼성 갤럭시폰 또는 애플 아이폰에 AI가 탑재되면 기능이 향상되는데, 이와 관련된 종목에 투자하는 ETF입니다. AI가 휴대전화 또는 자동차 등 사용자만의 전자기기에 탑재되면 개인 정보와 관련한 보안 문제가 상당히 해결될 것으로 기대할 수 있습니다. 또 AI가 개인 기기에서 학습하기 때문에 사용자에게 최적화된 솔루션을 제공하게 됩니다.

국내에 온디바이스 AI ETF는 2개가 상장되어 있습니다. 애플 아이폰의 밸류체인을 담은 'TIGER 글로벌온디바이스AI'와 삼성전자 갤럭시폰의 밸류체인을 담은 'BNK 온디바이스AI'입니다.

온디바이스 AI ETF

투자 대상	ETF명	코드	특징
글로벌	TIGER 글로벌온디바이스AI	480310	애플 아이폰 AI 밸류체인
국내	BNK 온디바이스AI	487750	삼성전자 갤럭시 스마트폰 밸류체인

'TIGER 글로벌온디바이스AI'는 애플과 스마트폰 반도체 설계 회사 ARM 그리고 통신반도체 제조 기업 퀄컴(Qualcomm, QCOM)을 핵심 종목으로 투자합니다. 국내 주식으로 구성된 온디바이스 AI ETF 'BNK 온디바이스AI'는 2024년 7월 상장됐습니다. 갤럭시 스마트폰을 중심으로 한 포트폴리오로, 삼성전자와 삼성전기 등을 포함하고 있습니다.

06
연평균 30% 성장, 비만치료제

기술이 발전할수록 비만치료제는 더 빠른 속도로 성장할 것입니다. 기술의 발전은 인간을 편리하게 해주지만 점점 운동은 하지 않게 하니까요. 사람이 직접 사냥을 하거나 농사를 지어야 살 수 있었던 시대에는 아마도 비만이 지금처럼 심각하지 않았을 것입니다.

세계비만연맹(World Obesity Federation)은 2020년 기준 약 10억 명이 비만 상태에 있다고 추정했습니다. 나아가 2035년에는 세계 인구 중 절반이 비만 또는 과체중이 될 것으로 전망했고요. 실제로 거리를 둘러보면 필라테스와 피트니스 센터가 커피숍보다 많아지는 것 같습니다. 세계보건기구(WHO)에서는 비만을 미용의 영역을 넘어 질병으로 정의하고 있습니다.

| 2-9 | 글로벌 과체중과 비만 성인 추정 | | | (단위: 10억 명) |

	2020	2025	2030	2035
과체중 성인 (BMI ≥ 25-30Kg/m²)	1.39	1.52	1.65	1.77
비만 성인 (BMI > 30Kg/m²)	0.81	1.01	1.25	1.53
과체중과 비만 성인 비중	42%	46%	50%	54%

자료: 세계비만연맹

유럽의 상장사 중 시가총액 1위 기업은 더 이상 프랑스의 명품 대명사 루이비통(Louis Vuitton, 파리증권거래소 LVMH)이 아닙니다. 비만치료제 삭센다(Saxenda), 위고비(Wegovy)를 제조하는 덴마크의 노보노디스크(NVO)입니다. 노보노디스크의 시가총액은 이미 덴마크의 GDP를 넘어섰습니다. 미국의 헬스케어(의약품) 업종 1위 기업도 더 이상 '베이비로션'으로 유명한 존슨앤드존슨(Johnson & Johnson, JNJ)이 아니라 비만치료제 젭바운드(Zepbound)를 생산하는 일라이릴리(LLY)로 교체됐습니다.

비만치료제는 GLP-1이라고 하는 당뇨병 치료제에서 파생된 주사제입니다. 일주일에 한 번 주사를 맞으면 소화가 천천히 진행되면서 식욕을 조절해주는 원리입니다. 비만이 만병의 근원으로 지목되는 만큼 알츠하이머(치매), 고혈압 등 만성질환에도 효능이 있다는 논문들이 발표되고 있습니다. 반대로 식욕이 줄어들다 보니 우울증에 걸릴 수 있다는 우려도 제기됩니다. 이런 논란 가운데 주식시장에서는 비만치료제의 성장률이 연평균 30% 이상일 것으로 추정하며, 2030년이면 100조 원 규모의 시장이 될 것으로 전망하고 있습니다. 특히 주사가 아니라 먹는 약(경구용)이 상용화되면 성장 속도가 더욱 가팔라질 것으로 기대하고 있습니다.

비만치료제 ETF에는 어떤 상품들이 있을까요? 2024년 2월 비만치료제 ETF 3종이 상장됐습니다. 'KODEX 글로벌비만치료제TOP2 Plus', 'RISE(KB) 글로벌비만산업TOP2+', 'TIGER 글로벌비만치료제 TOP2Plus'입니다. 앞에서 언급한 노보노디스크와 일라이릴리 두 종목에 집중 투자하기 때문에 '비만치료제TOP2'이고, 덴마크와 미국 기업에 투자하니 '글로벌'이라는 명칭이 있습니다. 또한 규정상 최소 10

2-10 비만치료제 ETF 포트폴리오

KODEX 글로벌비만치료제 TOP2 Plus (476070)		RISE(KB) 글로벌비만산업 TOP2+ (476310)		TIGER 글로벌비만치료제 TOP2Plus (476690)	
종목명	비중(%)	종목명	비중(%)	종목명	비중(%)
ELI LILLY & CO	25.37	Eli Lilly & Co	28.59	Eli Lilly & Co	25.77
Novo Nordisk A/S	23.89	Novo Nordisk A/S	27.53	Novo Nordisk A/S	23.82
Zealand Pharma A/S	8.85	Merck & Co Inc	10.10	Merck & Co Inc	10.67
Viking Therapeutics Inc	6.63	AstraZeneca PLC	9.67	AstraZeneca PLC	7.85
AMGEN INC	6.42	Novartis AG	7.11	Roche Holding AG	7.48
REGENERON PHARM	6.22	Abbott Laboratories	4.49	Novartis AG	7.10
ROCHE HOLDING	6.00	Amgen Inc	3.55	Amgen Inc	5.70
Rhythm Pharmaceuticals Inc	5.96	Planet Fitness Inc	2.89	Pfizer Inc	5.31
ASTRAZENECA	5.83	Lululemon Athletica Inc	2.83	Regeneron Pharmaceuticals Inc	3.79
Structure Therapeutics Inc	4.83	Dicks Sporting Goods Inc	2.72	Chugai Pharmaceutical Co Ltd	2.15

자료: 해당 운용사 ETF 홈페이지(기준일: 2024.7.12)

종목 이상으로 포트폴리오를 구성해야 하므로 'Plus' 또는 '+'가 붙습니다.

구성 종목을 살펴보면 노보노디스크와 일라이릴리에 25% 내외의 비중으로 투자되는데 RISE(구, KBSTAR) ETF는 28% 수준으로 조금 더 많습니다. 두 종목에 50%를 투자하다 보니 나머지 8종목은 10% 수준 또는 그 미만의 비중으로 구성되어 있습니다.

★ FDA에 승인을 신청한 신약은 임상 1상부터 3상까지 승인되어야 상용화할 수 있음.

KODEX의 경우 바이킹테라퓨틱스(Viking Thera-peutics)라는 상대적으로 작은 종목이 초기 수익률을 견인했는데요. 상장 직후 이 회사의 비만치료 신약이 미국식품의약국(FDA) 임상 2상★ 승인을 받으면서 급등했기 때문입니다.

RISE는 제약 외에도 레깅스 종류의 운동용품을 제조·판매하는 룰루레몬(Lululemon), 미국에서 피트니스 센터를 운영하는 플래닛피트니스(Planet Fitness) 등 신체 활동 관련한 기업에도 투자한다는 것이 특징입니다. 업종이 일부 분산되어 있으니 변동성은 상대적으로 작을 수 있습니다. TIGER는 미국과 유럽 외에 주가이제약(Chugai Pharmaceutical)이라는 일본 기업도 포함하고 있습니다.

비만 신약을 개발하는 중·소형주까지 투자하고자 하는지, 비만치료의 영역을 신체 활동으로도 확장해서 생각하는지, 아시아 기업을 포함한 글로벌 기업에 투자하는지에 따라 ETF 성격이 조금씩 차별화되어 있으니 개인의 투자 성향에 따라 선택하면 됩니다.

07

차세대 바이오, 세포유전자와 AI

⑤ 세포유전자치료제

암, 알츠하이머(치매) 등은 바이오 기술이 정복하고자 하는 지상 과제입니다. 지금도 많은 제약 및 바이오 기업이 연구·개발에 열중하고 있습니다.

헬스케어 업종은 크게 제약 기업과 바이오 기업으로 나누어 볼 수 있습니다. 먼저 제약 분야를 살펴보면, 주로 미국과 유럽 기업이며 일반 약을 제조하면서 글로벌 유통망을 갖춘 대형 기업들입니다. 앞에서 살펴본 비만치료제 제조 기업들을 포함하여 화이자(Pfizer), GSK 등 들어봤음 직한 곳들이죠. 이런 기업을 '빅파마(Big Pharma, 대형 제약회사)'라고 부릅니다. 그에 비해 바이오 분야에는 주로 연구·개발을 하는 작은 기업들이 있습니다.

바이오 투자는 일반 제약 기업에 대한 투자와는 차이가 있습니다. 헬스케어 업종의 생태계를 먼저 이야기하겠습니다. 빅파마들은 규모만큼 막대한 현금을 가지고 있는 반면, 바이오 기업들은 규모가 작고 오직 연구·개발에 매진합니다. 그러다가 FDA 임상 1상 승인을 받거나 학회에서 논문을 발표해 기술을 인정받으면 빅파마들로부터 기업 인수 또는 기술 매입 제안을 받습니다. 이에 따라 바이오 기업의 주가는 수직 상승하게 되죠. 다만 성공 확률이 높지는 않아서 바이오에 투자할 때는 분산이 필수입니다.

바이오 기술도 점점 진화하고 있습니다. 세포유전자치료법(Cell Gene Therapy, CGT)과 항체약물접합체(Anti-Drug Conjugate, ADC)가 대표적입니다. 세포유전자치료법은 세포치료와 유전자치료가 결합한 형태인데, 살아 있는 세포를 분리해내 유전자 편집 또는 조작을 통해 건강하게 만들어서 다시 삽입하는 기술입니다. 바이오 기술의 절정이라고도 볼 수 있습니다. 항체약물접합체는 암세포를 잘 찾는 우리 몸의 항체를 떼어 암세포를 공격하는 약물을 접합시켜 다시 넣어주는 기술입니다. 그 항체가 몸에 들어가 암세포를 찾아 공격하게 함으로써 암을 치료하는 겁니다.

2020년 코로나 팬데믹 이후 바이오 또는 제약 기업이 포함된 헬스케어 업종은 미국 대표지수인 S&P500보다 수익률이 낮았습니다. 'M7'로 일컬어지는 빅테크들이 상승을 주도했기 때문입니다. 하지만 실제 업계에서는 2023년 미국 대형 제약사 화이자가 항체약물접합체 관련 430억 달러(약 58조 원) 인수 거래를 하는 등 첨단 바이오 기술의 거래가 활발했습니다. 주목할 점은 대형사 간의 거래 비중이 2023년 10.2%로, 2019년 13.6%보다 감소했다는 점입니다. 중·소형 바이오 기업의 기술 거래가 늘어나고 있다고 해석할 수 있습니다.

⑤ AI 바이오

매년 1월이 되면 미국 라스베이거스에서 CES(소비자 가전 전시회)라는 행사가 열립니다. 글로벌 IT 기업들이 신제품을 선보이며 기술을 뽐내는 자리입니다. 미국 대형 IT 기업 CEO들의 미래 기술에 대한 연설이 글로벌 미디어들의 조명을 받기도 하고요. 하지만 2024 CES에서는 의외의 일이 있었습니다. AI 반도체로 가장 주목받고 있는 엔비디아의 CEO 젠슨 황(Jensen Huang)이 참석하지 않은 거예요. 비슷한 시기 바이오·헬스케어 산업에서 JP모건이 주최하는 JP모건 글로벌 헬스케어 콘퍼런스가 열렸습니다. 젠슨 황은 CES가 아니라 이 콘퍼런스에 참석해서 AI 바이오에 대한 발표를 한 겁니다.

AI는 바이오산업에서 크게 두 가지 역할을 합니다.

첫째는 영상 판독입니다. 대형 병원에서 X-RAY(엑스레이)를 찍으면 영상의학과 선생님들이 사진을 분석합니다. 시간은 1~2주 정도 걸리는데 추가 검사를 하지 않아도 암인지 아닌지 판단해줍니다. 판독이 어려운 경우에만 조직검사를 하게 되는데, 별도 검사 없이 암이 아니라고 하면 그분들에게 깊은 고마움을 느낄 겁니다.

그렇다면 10년 이상의 경험을 가진 영상의학과 선생님은 과연 몇 장의 사진을 연구하셨을까요? AI는 짧은 시간에 수십만 장을 학습합니다. 그리고 사람보다 짧은(10배 빠른) 시간에 더 정확한(20% 향상된) 판단을 해줍니다. 한국 코스닥에 상장된 루닛이라는 기업의 핵심 기술입니다.

둘째는 신약 개발입니다. 엔비디아의 젠슨 황이 주목한 분야가 바로 이것이었습니다. 2023년 엔비디아 AI 모델 '바이오니모(BioNeMo)'를 통해 신약 개발 데이터를 학습한다는 조건으로 바이오 기업 리커전파마슈티컬스(Recursion Pharmaceuticals, RXRX)에 5,000만 달러를 투자했습니다.

우리 몸을 형성하는 조직은 단백질로 이루어져 있습니다. 단백질은 20개 고유 아미노산의 조합인데, 어떻게 배열되느냐에 따라 성질이 달라집니다. 생성형 AI는 연구자의 조건에 맞춰 거의 무한대의 독특한 특성을 지닌 단백질을 설계하고 생성해줍니다. 또 신약의 효과를 검증하는 임상 모집단을 세분화하여 어떤 질병들을 대상으로 해야 신약 효과가 최적화될지도 판별해줍니다. 그러면 신약 개발에 투입되는 막대한 투자비와 통상 14년이 걸리는 임상 완료까지의 시간을 획기적으로 줄일 수 있습니다. '신약 임상 ○상이 완료됐습니다'라는 뉴스에 주가는 오르지만, 정작 환자는 상용화까지 얼마나 기다려야 할지 지쳐가는 게 현실이었죠. 하지만 머지않아 그런 고통을 줄일 수 있으리라는 기대를 해도 될 듯합니다.

💲 바이오 ETF

국내 주식에 투자하는 바이오 ETF(〈2-11〉 참조)는
시가총액이 큰 삼성바이오로직스와 셀트리온을
빼놓고는 이야기할 수 없습니다. 두 종목의 특징은
바이오시밀러와 CDMO★ 사업입니다.

★ CDO(Contract Develop-
ment Organization, 계
약에 의한 위탁 개발)와
CMO(Contract Manu-
facturing Organi-zation,
위탁 생산 업체)를 합쳐
서 부르는 말. 임상시
험을 위한 위탁 업체는
CRO(Contract Research
Organization)라고 함.

신약 개발에 성공하면 일정 기간 특허권을 가집
니다. 이런 신약을 '오리지널(original)'이라고 합니
다. 특허 기간이 만료되면 복제약들이 나오게 되는
데 일반 화학물질로 제조한 약의 복제약은 '제네릭(generic)'이라고 하
고, 바이오 약은 유사하다는 의미의 시밀러(similar)를 붙여 '바이오시
밀러(biosimilar)'라고 합니다. 복제약들이 나오면 가격이 낮아지는 효
과가 있기에 관련 시장이 크게 확대되기도 합니다.

우리나라 바이오 업종에서 가장 큰 두 종목, 즉 삼성바이오로직스와
셀트리온이 바이오시밀러와 CDMO 사업을 합니다. 다른 종목들은 대

2-11 국내 주식에 투자하는 바이오 ETF

ETF명	코드	종목 수	성격	주요 투자 종목
KoAct 바이오헬스케어액티브	462900	31	액티브	알테오젠(17%), 유한양행(8%)
TIMEFOLIO K바이오액티브	463050	24	액티브	알테오젠(19%), 셀트리온(8%)
KODEX 바이오	244580	51	패시브	펩트론(3%), 삼천당제약(3%)
TIGER 바이오TOP10	364970	10	패시브	셀트리온(26%), 삼성바이오로직스(25%)
TIGER 코스닥150바이오테크	261070	35	패시브	알테오젠(24%), HLB(15%)

자료: 해당 운용사 ETF 홈페이지(기준일: 2024.7.12)

부분 신약 개발 후 미국이나 유럽의 빅파마들에 라이선스 아웃(license out, 기술 수출)을 하는 구조입니다. 그래서 주식시장에서 관심받는 종목들이 자주 바뀌는 경향이 있습니다. 국내에 상장된 바이오 종목에 투자하는 ETF는 구성 종목 수가 많은 편입니다. 이렇게 변화가 많은 업종의 ETF에 투자하고자 할 때는 운용역이 재량을 발휘할 수 있는 액티브인지 기초지수를 추종하는 패시브인지를 구분하여 접근할 필요가 있습니다. 물론 패시브도 지수의 정기 변경일에 지수의 방법론(해당 지수 산출기관 홈페이지 참조)에 따라 종목이 변경될 수 있습니다.

글로벌 주식에 투자하는 바이오 ETF(〈2-12〉 참조)도 액티브와 패시브로 나누어 볼 수 있습니다. 액티브 ETF는 타임폴리오자산운용(TIMEFOLIO Asset Management)의 'TIMEFOLIO 글로벌안티에이징바이오액티브'가 2024년 7월 현재까지는 유일합니다. 타임폴리오 ETF는 '비만, 알츠하이머(치매), AI'라는 키워드로 관련된 종목들을 추출하여 포트폴리오를 구성하며, 일정 부분 펀드매니저 재량을 활용하여 기

2-12 글로벌 주식에 투자하는 바이오 ETF

ETF명	코드	종목 수	성격	기초지수
TIMEFOLIO 글로벌안티에이징바이오액티브	485810	28	액티브	KEDI 글로벌 불로장생바이오 지수
KODEX 미국S&P바이오(합성)	185680	136	패시브	S&P Biotechnology Select Industry Index
TIGER 미국나스닥바이오	203780	214	패시브	NASDAQ Biotechnology
KOSEF 미국블록버스터바이오테크의약품+	483030	28	패시브	SolactiveBlockbuster Biotech Drugs Index

자료: 해당 운용사 ETF 홈페이지(기준일: 2024.7.12)

초지수 대비 초과 수익률을 목표로 운용합니다. KODEX와 TIGER는 S&P와 나스닥의 대표지수를 추종하기 때문에 종목 수도 많고 시가총액의 비중이 반영된 포트폴리오로 투자합니다. KOSEF는 ETF명에 '블록버스터'가 들어가 있는데요. 이는 바이오 업계에서 10억 달러(약 1조 3,000억 원)가 넘는 히트 상품을 일컫는 용어입니다. 그만큼 성공한 제품을 가진 제약회사로 이루어진 기초지수를 추종하는 ETF라는 뜻입니다.

마지막으로 미국에 상장되어 있는 바이오 ETF 중 ARKG를 소개하고자 합니다(〈2-13〉 참조). 아크인베스트먼트(ARK Investment)에서 만든 '유전자혁명(ARK Genomic Revolution)'이라는 이름의 ETF입니다. 이 투자사의 CEO가 캐시 우드(Cathie Wood)라는 55세의 여성인데 이름의 한국어 발음이 '캐시우드'여서 '돈 나무 언니'로 알려져 있습니다. 테슬라에 대한 강한 애착으로 유명한 분이죠. ARK ETF는 대부분 2020년 팬데믹 유동성 상승장에서 급등했다가 지금은 많이 하락한 채

2-13 ARK Genomic Revolution(ARKG) ETF

상품 정보		상위 5종목		
순자산	1,306.7백만 달러	번호	종목명	비중(%)
총보수	0.75%	1	Twist Bioscience Corp.	8.47
기간수익률(%)		2	CareDx, Inc.	6.65
3개월	-0.67	3	Recursion Pharmaceuticals, Inc. Class A	6.29
연초 이후	-22.83	4	CRISPR Therapeutics AG	6.15
1년	-19.18	5	IntelliaTherapeutics, Inc.	4.84

자료: etfdb.com(기준일: 2024.9.13)

자금 유출에 시달리고 있는 것이 사실입니다. 하지만 사업 모델에 대한 깊은 연구와 종목 선택은 관심을 가질 만해 보입니다.

ARKG에서는 앞에서 설명한 바이오 기술 중 유전자 편집 기술을 보유한 크리스퍼테라퓨틱스(CRISPR Therapuetics, CRSP)라는 종목과 엔비디아가 투자한 신약 개발 AI 기술의 강자 리커전파마슈티컬스에도 투자하고 있습니다. 기술력 있는 바이오테크 기업들로 구성돼 장기적인 관점에서는 지켜볼 만한 ETF입니다.

08

테슬라와
테슬라 ETF

⑤ 테슬라

테슬라(TSLA)에 대한 한국인의 관심은 특별합니다. 2021년 400달러였던 주가가 200달러 수준에서 등락을 거듭하고 있어도 여전히 해외 주식 중 보유 금액 1위입니다(2024년 7월 증권예탁결제원 기준 142억 4,885만 8,706달러, 원화로 약 18조 원). 단순히 전기차에 대한 긍정적인 전망만은 아닐 것입니다. CEO 일론 머스크(Elon Musk)의 천재성과 과감한 사업 방식에 대한 기대가 반영된 것으로 생각됩니다.

'캐즘(chasm)'이라는 용어가 있습니다. 원래는 지각변동으로 생긴 균열로 인한 단절을 의미합니다. 주식시장에서는 첨단 기술 제품이 얼리 어답터(early adopter), 즉 소수의 혁신적 성향의 소비자들에게 받아들여지는 초기 시장에서 일반인들이 널리 사용하는 단계에 이르기 전

일시적으로 수요가 정체되거나 후퇴하는 현상을 말합니다. 전기차시장은 캐즘에 빠졌다는 이야기가 있고, 캐즘 사이클의 초기인지 말기인지도 알 수 없습니다.

2023년 5월 테슬라 주주총회에서 CEO 일론 머스크는 완전자율주행(Full Self Driving, FSD)의 장기 성장성에 주목해달라고 요청했습니다. 그러면서 물리적 세계의 현실적인 AI 서비스는 FSD이며 챗GPT보다 충격적일 것이라고 강조했죠. FSD는 교통법규만이 아니라 현실 세계에서 발생 가능한 무한대에 가까운 상황들과 대처 방법에 대한 학습이 선행되어야 하는 고도의 작업입니다. 사람의 개입 없이 자동차 스스로 적합한 대응을 해야 하죠. 머스크는 FSD시장을 10조 달러, 즉 원화로 1경 원이 넘는 규모로 전망합니다. 그 상황이 되면 분기 매출이나 이익률이라는 단기적인 숫자는 사소해질 거라고 주장합니다.

단기 실적은 기대에 미치지 못했지만 실제 FSD 테스트 주행거리는 늘어났으며, FSD 12번째 버전을 배포하기 시작했습니다. 12번째 버전은 의미가 크다고 할 수 있습니다. 33만 개나 되는 교통 규칙 코드가 하나의 AI로 대체됐기 때문입니다. 모든 경우의 수를 데이터화하여 학습시킨 테슬라의 슈퍼컴퓨터 '도조(Dojo)' 덕분입니다. 도조의 학습 능력은 인간과 비슷하기 때문에 학습을 많이 할수록 추론 영역, 즉 실제 문제에 대해 생각하고 판단하는 영역에 투입되는 반도체 비용을 줄일 수 있습니다. FSD에 대한 미국 사람들의 신뢰는 아직 부족한 것 같습니다. 그러나 계속 업그레이드 버전을 출시하는 테슬라와 소비자들의 간격은 시간이 갈수록 좁혀질 수도 있습니다.

머스크는 테슬라 외에도 소셜미디어 X닷컴(X.COM)과 저궤도위성 로켓 발사를 주도하는 스페이스X(SpaceX) 그리고 인간의 뇌 신경망에 반도체 칩의 연결을 시도하는 뉴럴링크(Neuralink) 등 혁신 기업들을 보유하고 있습니다. 이들 기업 간에 지분 관계는 없지만, 아이디어와 기술을 공유하며 문제를 해결해나갈 수 있는 협업 프로세스 (cross-pollination★)를 구축하고 있습니다.

★ 타화수분이라는 뜻으로, 다른 개체의 꽃가루를 받아 수정하고 유기적 성장을 이루는 과정을 의미하는 생물학 용어를 인용한 것.

테슬라는 FSD와 로보택시 외에도 사람처럼 두 발로 걸어 다니며 판단하고 일하는 휴머노이드(humanoid) 로봇 '옵티머스(Optimus)'를 발표하고 업그레이드 영상을 꾸준히 배포하고 있습니다. 다른 로봇 기업과의 차이는 슈퍼 AI 모델 도조를 확보하고 있다는 것과 제조 장비 및 기술이 있다는 것입니다. 전문가들은 테슬라가 앞으로 3년 내외에 이 로봇이 공장 또는 생활에서 실제 쓰이도록 시도할 것으로 전망하고 있습니다.

⑤ 테슬라 ETF

국내에 상장된 테슬라 ETF로는 네 가지가 있는데(〈2-14〉 참조), 상품별로 특성이 다르기 때문에 면밀하게 살펴볼 필요가 있습니다.

먼저 'ACE 테슬라밸류체인액티브'는 테슬라에 20% 내외를 투자하며, 미국에 상장된 테슬라 ETF인 'DIREXION DAILY TSLA BULL

테슬라 ETF 구성

ETF명	코드	상품 특성	포트폴리오
ACE 테슬라밸류체인액티브	457480	테슬라 액티브	테슬라 20% + 테슬라 ETF + 밸류체인
KODEX 테슬라밸류체인FactSet	459560	반도체 비중	테슬라 25% + 엔비디아 15%, 밸류체인
TIGER 테슬라채권혼합Fn	447770	채권혼합	테슬라 30% + 국내 채권 70%
KODEX 테슬라커버드콜채권혼합액티브	475080	커버드콜, 월배당	테슬라 커버드콜 30% + 국내 채권 70%

자료: 해당 운용사 ETF 홈페이지(기준일: 2024.7.12)

2X'(테슬라 주식의 일별 상승률 또는 하락률의 2배를 추적하는 ETF)를 추가로 매수하는 전략을 사용합니다. 액티브 ETF이기 때문에 운용역의 재량으로 변화시킬 수는 있지만, 2024년 7월 구성 종목만 보면 테슬라 20%와 미국 테슬라 2배 레버리지 ETF(DIREXION DAILY TSLA BULL 2X)에 22% 수준으로 투자하고 있습니다. 따라서 실제로는 테슬라에 60% 정도를 투자하는 것과 유사한 효과를 보입니다.

'KODEX 테슬라밸류체인Factset'은 명칭 그대로 테슬라 밸류체인의 주식 포트폴리오에 투자합니다. 다만 밸류체인 내에서 AI GPU 반도체를 제조하는 엔비디아와 AMD에 각각 15%와 10%라는 큰 비중으로 투자한다는 점은 확인할 필요가 있습니다. 'TIGER 테슬라채권혼합Fn'은 테슬라 30%와 국내 채권 등에 70%를 투자하는 전형적인 채권혼합 상품입니다('Factset'과 'Fn'은 기초지수 공급자 '팩트셋 리서치 시스템즈(Factset Research Systems)'와 '에프앤가이드'의 브랜드임).

'KODEX 테슬라커버드콜채권혼합액티브'는 테슬라 커버드콜 30%와 국내 채권 70%가 혼합된 형태의 지수를 기초로 하며 월 1~1.25% 수준의 월배당을 분배하는 액티브 인컴(income)형 상품입니다. '커버드콜'은 DAY 3에서 자세히 설명할 예정입니다. 기초지수는 테슬라의 상승에는 참여하지 않습니다. 그러나 실제 ETF는 테슬라의 상승에 일부 참여하는 액티브 운용을 합니다. 그 대가로 받은 금액을 기반으로 월배당을 1~1.25% 지급합니다. 따라서 ETF 가격의 수익률만 보면 안됩니다. ETF의 가격수익률은 기대보다 변화가 적을 수 있는데, 월배당으로 통장 또는 계좌에 매월 초 입금되는 현금을 확인해야 합니다. 이런 월배당 상품은 PR, 즉 가격수익률을 보는 것이 아니라 분배율과 합산한 수익률인 TR, 즉 총수익률을 따져봐야 합니다. 다만, 'KODEX 테슬라커버드콜채권혼합액티브'는 액티브 ETF이기 때문에 위의 설명과 일부 다를 수 있습니다.

[DAY 3을 읽고 다시 오신 분들께 이 상품의 기초지수인 'KEDI Tesla Income Premium Balanced'를 기반으로 좀 더 구체적으로 설명하겠습니다. 테슬라 30%를 매수하고 그만큼의 등가격(At The Money, ATM) 테슬라 Monthly(월간) 콜옵션을 매도하여 발생하는 프리미엄을 기반으로 월 1~1.25% 수준의 분배를 실시합니다. ATM 콜옵션 매도이기 때문에 테슬라의 상승에는 참여하지 않고, 하락 시에는 30%만큼 반영되는데 변동성이 커지면 콜옵션 매도 프리미엄도 함께 커지기 때문에 ETF 자체는 테슬라 또는 테슬라 변동폭의 30%보다 상대적으로 적게 하락할 수 있습니다. 그리고 나머지 70%는 국고채 중심의 국내 채권에 투자합니다.]

09

진정한 클린 에너지, 수소

눈·비가 내리는 속도와 양 또는 더위와 추위가 '관측 이래 최고'라는 말은 이제 그리 놀랍지도 않은 일상 언어가 된 것 같습니다. 이유야 어쨌든 2022년 유엔(UN) 기후변화 협의체인 COP(Conference of Parties) 27번째 회의에서 2050년까지 지구의 평균 온도 상승을 1.5℃로 제한하자는 합의가 이루어졌습니다. 시나리오 분석에 따르면, 지구의 온도가 2.0℃ 상승할 경우 피해가 재앙 수준일 것이라고 합니다. 우리 몸의 온도가 36.5℃에서 38.5℃로 상승하면 많이 아파지는 것과 유사한 것 같습니다. 이에 각국 정부는 '탄소중립, 탄소제로'라는 슬로건 아래 전기차 보조금을 비롯한 각종 친환경 정책을 추진해나가고 있습니다.

💲 탄소제로, 인류의 당면 과제

탈(脫)탄소화의 핵심은 전기 에너지입니다. 이를 위해서는 친환경 전력 공급이 전제되어야 합니다. 그런데 태양광, 풍력 등의 신재생에너지는 기상 조건에 따른 발전량의 변동이 심하고 지역별 차이가 크다는 한계가 있습니다. 이런 한계를 보완할 수 있는 에너지원이 수소입니다.

수소는 물에서 얻습니다. 물의 분자식 'H₂O'에서 알 수 있듯이, 물은 수소(H) 원자 2개와 산소(O) 원자 1개로 이루어져 있죠. 이를 전기로 분해하면 수소를 얻어낼 수 있습니다. 이런 과정을 '수전해(水電解)'라고 하는데, 말 그대로 물(水)을 전(電)기로 분해(解)한다는 의미입니다. 얻어낸 수소에 수소연료전지(hydrogen fuel cell)를 통과시키면 화학 반응이 일어나 전기가 생산됩니다. 이때 환경오염 물질은 전혀 배출되지 않으며, 수소를 다시 산소와 결합시켜 물로 배출합니다.

2-15 수소에너지 분류

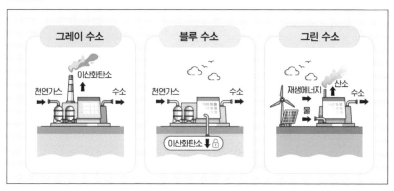

자료: GS칼텍스 미디어허브

DAY 2

이슈는 물을 분해할 때 사용되는 전기를 '어떤 발전을 통해 얻는가'입니다. 석탄, 석유, 천연가스와 같은 화석연료를 통한 발전에서 얻은 전기를 사용하면 '그레이수소(Grey Hydrogen)'라고 합니다. 수소 생산 방식은 동일하지만 생산 과정에서 발생하는 이산화탄소를 대기로 방출하지 않고 포집 및 저장(Capture Carbon and Storage, CCS) 기술을 이용해 이산화탄소를 따로 저장하여 친환경성을 높인 방식을 '블루수소(Blue Hydrogen)'라고 합니다. 그리고 마지막으로, 태양광·풍력 등 신재생에너지를 통해 얻은 전기를 사용하면 '그린수소(Green Hydrogen)'라고 합니다. 신재생에너지의 발전량은 상당히 불규칙하죠. 그런데 전력이 필요보다 많이 생산될 때 버려지거나 남는 전기로 수소를 얻을 수 있다면, 생산과 사용 모든 과정에서 탄소제로를 달성하게 됩니다.

생산된 수소는 액체 또는 기체로 저장하거나 운송할 수 있습니다. 그래서 수소는 저장과 운송 그리고 전력 생산까지 할 수 있는, 에너지의 '리베로(libero)'★라고 불립니다.

★ 이탈리아어로 '자유'라는 뜻이며, 축구에서 공격과 수비 모두를 담당하는 선수를 지칭함.

⑤ 수소 관련 기업 및 ETF

수소에너지와 관련된 대표 주식은 현대차('현대자동차'의 상장 종목 명칭)와 두산퓨얼셀입니다. 현대차는 수소를 충전하면 자동차에 탑재된 수소연료전지에서 발생하는 전기로 운행하는 수소전기차(Fuel Cell

Electric Vehicle, FCEV) '넥쏘(NEXO)'를 제조합니다. 두산퓨얼셀은 수소연료전지를 제조하는 대표 기업이고요. 미국에서는 블룸에너지코퍼레이션(Bloom Energy Corp, BE), 플러그파워(Plug Power, PLUG), 퓨얼셀에너지(FuelCell Energy, FCEL) 등이 대표적인 수소연료전지 또는 관련 시스템 제조 기업입니다. 그리고 유럽에서는 린데(Linde Plc, LIN)가 산업용 가스 기업으로 수소에너지 관련 사업을 하고 있습니다.

수소 ETF(⟨2-16⟩ 참조)로는 국내 주식에 투자하는 'RISE 수소경제테마'와 'HANARO Fn전기&수소차'가 있으며, 한국을 포함한 글로벌 주식에 투자하는 'RISE 글로벌수소경제'와 'ARIRANG 글로벌수소&차세대연료전지'가 있습니다. 글로벌 주식에 투자하는 RISE와 ARIRANG ETF의 구성 종목을 보면 'HDRO'와 'HYDR'이라는 ETF가 자주 보일 것입니다. 각각의 정식 명칭은 'Defiance Next Gen H2', 'Global X Hydrogen'으로 미국에 상장된 수소 테마 ETF입니다. ETF가 다른 ETF에 투자하는 형태인데요, 이런 방식을 '재간접(Fund

2-16 수소 ETF 상품 구성

ETF명	코드	상품 특성	포트폴리오
RISE 수소경제테마	367770	국내	현대모비스, POSCO홀딩스, 현대차 등 36종목
HANARO Fn전기&수소차	381560	국내	현대모비스, 현대차, SK이노베이션 등 30종목
RISE 글로벌수소경제	417450	글로벌	Bloom Energy, HYDR ETF 등 30종목
ARIRANG 글로벌수소&차세대연료전지	419650	글로벌	HDRO ETF 등 25종목

자료: 해당 운용사 ETF 홈페이지(기준일: 2024.7.19)

of Fund, FoF)' 투자라고 합니다. 해당 비중만큼 운용보수가 추가로 발생하긴 하지만 한 종목을 매수함으로써 분산투자 효과를 볼 수 있거나 기타 운용의 효율성을 위해 사용하는 경우가 있습니다.

💲 추이를 지켜봐야 하는 테마

현대자동차 자료에 따르면 현재는 약 96%가 화석연료 기반의 발전에서 생산된 전기로 물 분해를 통해 수소(그레이수소)를 얻는다고 합니다. 수소는 친환경이지만 그 과정이 친환경적이지 않은 겁니다. 신재생에너지는 전력을 생산하는 비용이 많이 들어서 그린수소를 생산하는 수전해 설비의 효율이 아직은 낮습니다. 그래서 단기적으로는 '그레이수소'보다 친환경적인 '블루수소'의 생산량 증대를 위해 이산화탄소 포집 및 저장 기술을 발전시켜 포집 비용을 낮추는 연구·개발이 진행되고 있는데요. 장기적으로는 그린수소 사용을 위해 수전해 및 신재생에너지 기술이 발전되어야 합니다.

지금의 전기차도 결국은 전기를 충전해야 하고, 세계는 여전히 발전량의 50% 이상을 화석연료에서 얻습니다. 또 전기차는 폐차될 때 '폐배터리'라는 폐기물을 남기죠. 차라리 석유는 사용되면 사라지는데 전기차가 남긴 폐배터리는 재사용되지 않으면 오히려 친환경적이지 않을 수도 있습니다(그래서 성일하이텍 등 폐배터리 재활용 전문 기업들도 있습니다).

　진정한 클린 에너지인 수소에 투자하는 ETF는 장기적으로 관심을 둘 필요가 있습니다. 다만, 충전 인프라가 구축되고 친환경 전력 생산 기술이 충분히 발전한 것을 확인하고 투자해도 늦지는 않을 것입니다. '무릎에 사서 어깨에 팔아라'라는 주식시장의 격언이 있듯이, 바닥에서 매수하려는 욕심보다 조금은 여유가 필요한 테마입니다.

10

첨단 기술의 오케스트라, 로보틱스

기관 등에서 발표하는 인플레이션율 또는 물가 상승률은 전년 동월 대비 증감을 비율로 나타낸 것입니다. 증가율이 안정된다고 해서 물가가 내려가는 것은 아닙니다. 기업 입장에서 노동 비용도 마찬가지입니다.

2-17 미국 제조업 노동자 보상(단위당 노동 비용)

자료: 세인트루이스 연방준비은행

ETF 투자 7일 완성

대한민국 연도별 최저임금(시급)

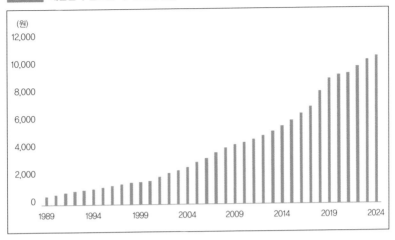

(원)

자료: 고용노동부 산하 최저임금위원회

임금 상승률이 안정된다고 해서 임금이 내려가는 것은 아닙니다. 세인 트루이스 연방준비은행 자료를 보면, '2015년 = 100'을 기준으로 환산한 미국 제조업 노동자 보상이 가파른 기울기로 상승하고 있습니다. 미국만의 이야기가 아닙니다. 대한민국의 최저임금도 2018년 7,530원에서 2024년 9,860원으로 약 31% 상승했습니다.

⑤ 영화적 상상을 현실로 만들어가는 기업들

노동자로서는 현재 자산 가격과 물가의 변동만으로도 숨이 턱턱 막힐 것입니다. 하지만 기업은 반대 입장입니다. 안타깝지만 AI의 발전, 특히 로봇의 발전은 기업들의 선택을 앞당길 것으로 보입니다. 더구나 생산 가능 인구가 감소하고 있으니 다른 길이 없는 것 같습니다. 이미 커피 주문은 키오스크(디지털 주문)가 대체한 지 오래고, 식당의 서빙 로봇도 낯설지 않습니다.

자동차 공장에 가보면 사람 팔처럼 생긴 커다란 로봇이 차체를 조립하는 모습을 쉽게 볼 수 있습니다. 이렇듯 대형 로봇은 이미 공장 자동화에 많이 사용되고 있습니다. 최근 추세는 '협동로봇'인데, 바리스타 로봇을 생각하면 쉽습니다. 사람 팔처럼 생긴 작은 로봇이 사람 옆에서 일을 도와주는 거죠.

하지만 투자자로서 관심을 둬야 할 것은 사람처럼 두 발로 걸어 다니고 대화도 가능한 휴머노이드 로봇입니다. 2023년 12월 테슬라가 공개한 휴머노이드 로봇 '옵티머스 2세대'는 계란을 삶고 들어 올립니다. 유튜브에서 쉽게 찾아볼 수 있는 이 영상의 핵심은 로봇이 세란을 깨뜨리지 않고 힘의 강약 조절을 한다는 것입니다. 2024년 3월 챗GPT를 만든 오픈AI와 스타트업 기업 피규어AI(Figure AI)가 만든 휴머노이드 로봇 유튜브 영상은 놀라움을 금치 못하게 했습니다. 사람처럼 대화하고 식탁에서 일을 하는 모습에 조금은 두렵다는 생각도 듭니다(유튜브에서 영상을 한 번씩 찾아보길 권합니다).

영화 〈터미네이터〉에서는 미국 국방성 컴퓨터와 연결된 AI 스카이넷(SKY Net)이 지구를 핵전쟁으로 몰아넣습니다. 여기에 〈오펜하이머〉에서 보여준 인간의 탐욕과 두려움이 만들어낸 핵폭탄은 그 매개체가 되고, 〈트랜스포머〉에서는 옵티머스 프라임이 지구인을 돕습니다. 스크린에 펼쳐진 인간의 상상이 어쩌면 현실화될지도 모르는 일입니다.

로봇 산업은 첨단 기술의 오케스트라입니다. 인지, 판단, 동작으로 이어지는 종합예술이죠. 영상 감지를 위한 카메라 센서, 레이저를 쏘고 반사되어 돌아오는 속도로 거리를 측정하는 라이다(lidar), 로봇이 자신의 위치를 추정하고 인지하며 동시에 지도를 작성해나가는 SLAM(Simultaneous Localization and Mapping) 기술은 인간의 눈 또는 귀와 같은 인지 기능을 담당합니다. AI는 학습된 데이터를 기반으로 판단합니다. 그리고 구동 모터와 감속기(reducer)★는 동작을 하게 합니다. 센서, AI, 정밀기계가 조합된 첨단 기술의 종합예술인 셈입니다.

★ **감속기** 모터의 회전 속도를 줄이는 과정에서 얻는 에너지로 동력을 증폭시키는 기계장치.

★ **유니버설로봇** 미국의 상장기업 테라다인(Teradyne, TER)이 주요 주주임.

로봇 기업도 몇 가지로 나누어 볼 수 있습니다. 대형 산업용 자동화 기계를 제조하는 기업으로는 일본의 화낙(Fanuc)과 키엔스(Keyence), 스위스 ABB가 있습니다. 그리고 작은 팔처럼 생긴 협동로봇을 제조하는 기업은 덴마크 유니버설로봇(Universal Robots)★이 대표적입니다. 그다음으로는 한국의 두산로보틱스, 레인보우로보틱스, 로보티즈 등이 있습니다.

대화하고 동작하는 휴머노이드 로봇을 선보인 오픈AI와 피규어AI는 비상장기업이라 투자할 수가 없습니다. 그러나 옵티머스를 공개한 테슬라가 로봇 상용화를 주도하고 있어 휴머노이드 로봇에 투자할 수 있습니다. 특히 전기차와 FSD 자동차의 제조 기술, 슈퍼컴퓨터 AI 도조를 보유하고 있어 전문가들도 테슬라가 휴머노이드 로봇 상용화를 앞당길 수 있을 것으로 기대하고 있습니다. 실제로 오픈AI가 제조에 참여한 로봇을 포함하여 여타 로봇은 등에 배터리 가방을 메고 있는데 테슬라의 옵티머스는 내장되어 있습니다. 실제 제조 기술을 보유한 기업의 차별화 포인트라고 할 수 있습니다.

우리나라 대기업들의 움직임도 활발합니다. 2023년 1분기 삼성전자가 레인보우로보틱스 지분 14.7%를 매입한 것이 대표적입니다. LG 전자는 로보티즈의 7.5% 지분을 보유한 주주입니다. 두산그룹은 두산로보틱스를 2023년 10월 유가증권시장에 상장했습니다. 한화그룹도 같은 해 11월 한화로보틱스를 분할 설립했습니다. 2021년 현대차그룹이 미국 보스턴다이나믹스(Boston Dynamics)를 인수한 일은 선제적 투자와 기술 확보라는 점에서 특히 눈에 띕니다.

⑤ 로보틱스 ETF

로보틱스 테마에 투자하는 ETF로는 국내 주식에 투자하는 'KODEX K-로봇액티브', 'RISE AI&로봇'이 있고, 국내와 해외 주식에 함께 투자하는 'KoAct 글로벌AI&로봇액티브', 'TIGER 글로벌AI&로보틱스 INDXX' 그리고 'KODEX 글로벌로봇(합성)'이 있습니다. 이 중 TIGER ETF는 일부 공시에는 해외에만 투자하는 것으로 나와 있지만, 국내 주식을 포함한 글로벌 주식에 투자하는 상품입니다.

먼저 국내에 투자하는 ETF를 살펴보면, 대표 종목인 두산로보틱스와 레인보우로보틱스는 KODEX와 RISE 모두 편입하고 있습니다.

2-19 로보틱스 ETF

ETF명	코드	상품 특성	포트폴리오
KODEX K-로봇액티브	445290	국내, 액티브	로보틱스 기업과 대형주 30종목
RISE AI&로봇	469070	국내	AI·로보틱스 중형주 중심 36종목 투자
KoAct 글로벌AI&로봇액티브	471040	글로벌, 액티브	AI·로보틱스 34종목 분산투자
TIGER 글로벌AI&로보틱스 INDXX	464310	글로벌	AI·로보틱스 43종목, BOTZ ETF 포함
KODEX 글로벌로봇(합성)	276990	글로벌	글로벌 로보틱스 77종목 분산투자

자료: 해당 운용사 ETF 홈페이지(기준일: 2024.7.19)

ETF별 구성 종목은 성격이 다른데, KODEX는 삼성전자·LG전자·현대차·NAVER 등 대기업의 비중이 크지만, RISE는 뉴로메카·에스피지 등 중·소형 비중이 큽니다. 또한 ETF명에서 알 수 있듯이 RISE는 루닛, 셀바스AI 등 AI 관련 종목들에도 투자하고 있습니다(2024년 7월 기준 포트폴리오이므로 시간이 지남에 따라 변화할 수는 있습니다).

국내와 해외에 동시에 투자하는 KoAct는 일본의 화낙과 한국의 두산로보틱스 같은 종목에도 투자하지만, ETF명이 'AI&로봇'인 만큼 AI 반도체 제조 기업인 엔비디아, 소프트웨어 대표 주식인 마이크로소프트 등도 포함합니다. TIGER도 AI와 로봇이라는 두 가지 테마에 투자하는데, 43개 종목에 분산투자 하며 미래에셋그룹의 ETF 운용 미국 자회사인 글로벌X(Global X)의 미국 상장 ETF인 'Global X Robotics & Artificial Intelligence(BOTZ)'도 편입하고 있습니다.

'KODEX 글로벌로봇(합성)'은 글로벌 77개 종목에 분산투자 합니다. 종목별 비중은 2% 미만이며 앞서 언급한 국내외 대부분의 종목이 편입되어 있습니다. 이 상품은 운용사의 ETF 홈페이지를 방문해도 구성 종목을 알 수가 없습니다. '합성'이라는 문구 때문입니다. '합성' 또는 '스왑(SWAP)'은 증권사에 운용을 맡기고 성과만 받아 오는 구조를 말합니다. 이럴 때는 ETF가 추적하는 기초지수를 조회하면 찾을 수 있습니다. 기초지수는 운용사 ETF 홈페이지 또는 HTS에서 조회할 수 있는데, 'KODEX 글로벌로봇(합성)'의 기초지수는 'ROBO Global Robotics & Automation Index'입니다. 미국에 상장된 ETF들 중에서 이 인덱스를 추종하는 상품의 구성 종목을 조회해도 알 수 있습니다.

11

K-방위산업,
대한민국 메가 트렌드

한국 주식시장의 가치 재평가를 위한 밸류업(value up) 프로그램에 대한 논의가 활발합니다. 그러나 서학개미★의 순매수 1위 기업 테슬라는 배당을 하지 않습니다. 이를 보면 시장의 밸류업보다 '성장 및 혁신 기업이 있느냐'가 더 중요하다고 생각하는 것으로 보입니다. 대한민국에도 성장 산업이 있습니다. 70년 분단의 세월이 잉태한 'K-방위산업'입니다.

★ 미국 주식에 투자하는 국내 개인 투자자. 코로나 팬데믹 기간에 기관과 외국인의 매도세에 맞서 주식을 대거 사들임으로써 지수를 끌어올린 개인 투자자들을 동학개미라고 지칭한 데서 파생됨.

⑤ 방위산업 분야의 주목받는 성장주, 한국

1980년부터 시작된 '세계화'는 끝나고 '탈세계화(de-globalization)'가

AI 밸류체인 & 메가 트렌드 ETF

진행 중입니다. 미국과 소련(지금의 러시아를 중심으로 한 소비에트연방)으로 대변되는 1970년대의 단순한 냉전(Cold War)이 아니라 더 복잡한 국제 정세가 작용하는 것 같습니다.

70년 휴전이라는 특수성 가운데 성장한 한국의 방위산업은 2023년 124억 달러 규모의 수출을 기점으로 한껏 기지개를 켜고 있습니다. 세계 수출시장 점유율 1%에도 미치지 못했던 K-방위산업은 2023년 9위(점유율 2.4%)를 차지했으며, 2027년 점유율 5%의 4대 수출국을 향해 진군 중입니다. K9자주포·K2전차·레드백 장갑차 등이 폴란드를 넘어 루마니아·호주·사우디아라비아를 거쳐 이제는 방위산업의 본토 미국 진출을 시도하고 있습니다. 육상무기뿐 아니라 고등훈련기, 미사일, 잠수함까지 육·해·공 전방위적으로 성장을 가속하고 있습니다. 1980년대 양호한 품질과 가격, 생산 속도라는 3대 경쟁력으로 한국을 세계 10위권 경제 강국으로 올려놓은 IT 및 자동차 산업의 발전과 유사한 궤적입니다.

거시적으로 분석해보면 전 세계 GDP 대비 국방비 지출은 1991년 4.2%에서 2022년 1.9%대로 하락했습니다. 특히 유럽의 방위산업 생산능력 감소는 더욱 눈에 띄는 대목입니다. 우크라이나-러시아 전쟁으로 발등에 불이 떨어진 상황이니까요.

헝가리는 2018년에 계약한 독일의 레오파르트 전차를 2023년부터 인도받기 시작했는데, 주문한 전차 모두를 받으려면 2025년까지 기다려야 합니다. 그에 비해 현대로템의 K2전차, 한화에어로스페이스의 K9자주포, 한국항공우주의 FA50경공격기는 수출 계약 후 1년이 채

2-20 글로벌 GDP 대비 국방 지출 비중

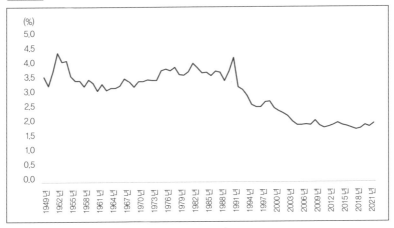

2-20 글로벌 GDP 대비 국방 지출 비중

자료: SIPRI(Stockholm International Peace Research Institute)

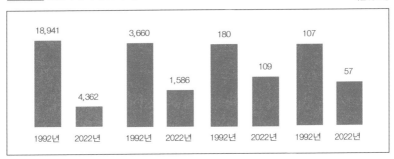

2-21 유럽의 무기 규모 추이   (단위: 대)

자료: The Military Balance(2022), 신한투자증권

안 되어 폴란드 땅을 밟았습니다. 또 현지 공장 설립을 추진함으로써 주변국으로의 수출 확장을 위한 생산 거점도 확보하고 있습니다. 속도의 차이는 곧 생산능력의 차이입니다.

글로벌 방위산업의 대표 기업은 미국의 록히드마틴(Lockheed Martin, LMT)입니다. 고고도미사일 사드(THAAD)와 레이더에 안 잡히는 스텔스 전투기 F35를 제조하는 기업이죠. 하지만 미국 방위산업에 속하는 기업들은 대형 우량주 성격이 강합니다. 지난 10년간 방위산업 수출 성장률을 보면 미국은 14%였지만 한국은 74%로, 10위권 국가 중에서 성장률 1위를 기록했습니다. 한국의 방위산업 주식이 성장주라는 의미입니다. 록히드마틴의 시가총액은 약 147조 원입니다. 한화에어로스페이스, LIG 넥스원, 한국항공우주 등 K-방위산업 대표 주식 3개사를 합쳐도 록히드마틴의 6분의 1에 불과한 수준입니다. 아직 갈 길이 많이 남아 있다는 뜻입니다.

방위산업은 정부를 상대로 하는 B2G(Business To Government) 사업입니다. 사업 검토에만 1~2년이 소요되며 의회 심의를 거쳐 정부 예산에 포함된 후 집행됩니다. 우크라이나-러시아 전쟁이 전면전으로 확대된 지 2년이 지나가고 있습니다. 30년 동안 줄어온 국방 예산의 확대는 이제 시작일 수 있습니다. 미국과 유럽의 방위조약인 NATO(북대서양조약기구)에서 제시하는 국방비 지출은 GDP의 2%입니다. 하지만 2022년 기준 29개국 중 2%를 만족하는 국가는 7개뿐이었습니다. 그나마 2021년에서 2개 늘어난 것이었죠. 여전히 충분한 성장 잠재력을 예상할 수 있는 분야입니다.

⑤ K-방위산업의 주역들

한화에어로스페이스는 연평도 포격 사건에서 북한에 대응 사격을 함으로써 유명해진 K9자주포와 호주 수출에 우선협상 대상자로 선정된 레드백 장갑차 등을 제조하는 기업입니다. 이름에서 알 수 있듯이, 이 기업은 우주 발사체와 항공엔진을 비롯하여 첨단 기술에 해당하는 우주항공 사업 등 영위하는 사업 분야가 매우 넓습니다.

LIG넥스원은 무기체계를 구축합니다. 무기체계란 위성·레이다·미사일을 총망라하는, 방어와 공격의 지휘통제 시스템을 말합니다. 단순하게는 미사일 제조 기업으로 볼 수도 있지만, 미사일은 정확한 이유와 공격 목표 그리고 유도체계 등 고려해야 할 요소가 많습니다. 그래서 무기체계라는 이름이 붙습니다. 2024년 9월 LIG넥스원이 약 3조 7,000억 원 규모의 지대공유도무기 '천궁Ⅱ'를 이라크에 수출하게 됐다는 언론 보도가 있었습니다. 상당히 이례적인 보도였는데요. 탱크나 전투기는 움직임을 사전에 포착할 수 있지만 미사일은 원거리에서 발사되는 무기이므로 주변국에 위협이 됩니다. 따라서 여타 무기 거래와는 달리 알려지지 않는 것이 일반적이기 때문입니다.

또 하나의 주역인 한국항공우주는 헬기와 전투기를 제조합니다. 차세대 전투기 'KF-21' 사업도 주도하고 있습니다.

K-방위산업의 또 다른 잠재력은 세계 1위인 조선업에 있습니다. 현대중공업과 한화오션은 잠수함과 신의 방패라고 불리는 이지스(Aegis) 구축함 제조 능력을 갖춘 기업으로, 58조 원 규모의 캐나다 잠수함 사업과 미국 군함 유지보수 사업에 진출하고자 문을 두드리고 있습니다. 미 국방 당국이 중국 해군 함정은 340척인데 미국 해군 함정은 300척 미만이라고 밝힌 바 있습니다. 전투 작전 능력 등 질적인 면에서는 미

한화에어로스페이스 K9자주포	현대로템 K2전차	레인보우로보틱스 사족보행 로봇

LIG넥스원		한화시스템
비궁(지대함 유도무기)	지휘통제체계	AESA 레이다

한국항공우주		한화시스템
한국형 전투기 KF-21	기동헬기 수리온	소형SAR위성

현대중공업 이지스 구축함 세종대왕함	한화오션 장보고 III 잠수함	LIG넥스원 무인수상정

자료: 각사 홈페이지

국이 우월하지만 양적인 면에서는 중국에 밀린다는 의미입니다. 추가로 2년 내 중국 보유 함정이 400척으로 늘어날 것으로 전망되는데 미국은 2045년까지 350척으로 늘릴 계획입니다. 이에 미 국방 당국은 해외 방위산업 파트너들과 긴밀한 협력이 필요하다고 이야기했습니다. 이런 환경에서 한국의 조선업이 최적의 파트너가 되리라는 전망입니다. 또한 본업에서도 각국의 환경 관련 규제로 한국 조선업이 경쟁력을 보유한 LNG운반선과 친환경 엔진 선박 등 고부가가치 선박에 대한 수요가 증가하고 있습니다. 여기에 원재료인 강재 가격 하락이 맞물리며 수익성과 실적이 뒷받침되고 있습니다.

⑤ K-방위산업 ETF

K-방위산업을 테마로 상장한 ETF는 'ARIRANG K방산Fn'과 'SOL K방산' 2개가 있습니다. 한화에어로스페이스, LIG넥스원, 한국항공우주 등 주요 세 종목이 큰 비중으로 편입된다는 점에서 유사합니다. ARIRANG ETF는 한화자산운용에서 운용하는 상품으로 10종목에 집중 투자하는 방법론을 따르며, 한화그룹의 비중이 약 47% 수준을 차지한다는 것이 특징입니다. 기관총과 함포 등을 제조하는 SNT모티브와 현대위아에도 투자합니다. SOL ETF는 '방위산업' 키워드로 최대 15종목에 투자합니다. 포트폴리오 종목별 비중 산정에서는 키워드 '우주항공'과 '로봇'이 추가되며, 차세대 방위산업까지 포함합니다. 차세대 방위산업을 구성하는 주요 기업은 인공위성 수신 안테나를 제조하는 인텔리안테크, 소형위성 전문 기업 쎄트렉아이, 레인보우로보틱스 등이 있습니다. HD현대중공업과 한화오션 등 조선업 대표 종목을

ETF명	코드	상품 특성	포트폴리오
ARIRANG K방산Fn	449450	국내	방위산업 10종목
SOL K방산	490480	국내	차세대 방위산업 15종목 이내
WON 미국우주항공방산	440910	미국	미국 방위산업 분산투자
TIMEFOLIO 글로벌우주테크& 방산액티브	478150	글로벌, 액티브	한국 포함 글로벌 분산투자

자료: 해당 운용사 ETF 홈페이지(기준일: 2024.7.19)

포함하고 있다는 것도 특징입니다.

'WON 미국우주항공방산'은 앞에서 언급한 록히드마틴을 포함한 미국 방위산업 기업에 투자하는 ETF입니다. 2024년 7월 19일 기준 31개 기업으로 구성되어 있는데, 'SPDR S&P Aerospace & Defence Industry Select(XAR)' ETF에 27%로 가장 큰 비중을 투자합니다. XAR ETF는 WON ETF와 동일한 기초지수를 추종하는 ETF로 포트폴리오가 유사하기 때문에 WON ETF 종목 구성만 봐도 됩니다. 'TIMEFOLIO 글로벌우주테크&방산액티브'는 한국과 미국을 포함한 글로벌 주식에 투자합니다. 29개 종목에 분산투자 하며 특정 종목의 비중이 10%를 넘지 않습니다. 그리고 시장의 변화에 빠르게 대응하는 액티브 ETF의 장점을 가지고 있습니다.

12

제네시스가
폭스바겐 넘는다면

2023년 글로벌 자동차 판매량은 약 9,000만 대인데 그중 토요타가 1,100만 대, 폭스바겐이 910만 대, 현대자동차그룹이 730만 대를 판매했습니다. 그다음으로 푸조와 크라이슬러를 보유한 스텔란티스, 르노-닛산, GM 순입니다. 현대자동차그룹은 전년과 동일한 글로벌 3위를 유지하고 있습니다. 2024년 상반기 미국의 순수전기차(Battery Electric Vehicle, BEV) 시장에서는 테슬라가 40%의 점유율로 압도적이며, 2위는 8%를 기록한 현대자동차그룹입니다. 이제 더는 '가성비 좋은 국산 자동차' 수준이 아니죠.

2024년 1분기 기준 기업별 실적을 분석하면, 현대자동차그룹의 영업이익률은 10.4%로 토요타 10%와 폭스바겐 6.1%보다 높습니다. 특히 기아차의 영업이익률은 13.1%로 BMW, 벤츠보다도 높은 수익성을 기록했습니다. 현대자동차 인도법인의 인도 주식시장 상장이 진행 중

현대자동차그룹 글로벌 생산능력 추정   (단위: 1,000대)

	2023	2024	2025	2026	2027	2028
증설		200	650	300	200	100
생산능력	7,300	7,500	8,150	8,450	8,650	8,750

자료: 삼성증권 Sector Update 보고서

인데, 상장으로 유입될 약 25억~30억 달러의 현금은 생산능력을 확장하는 데 촉매제가 될 것입니다.

폭스바겐은 아우디, 포르쉐, 벤틀리, 람보르기니 등의 유명 브랜드를 보유한 독일의 대표 기업입니다. 하지만 2015년 '디젤 스캔들'이라고 불리는 배기가스 조작 사건은 폭스바겐그룹에 지울 수 없는 생채기를 남겼습니다. 이후 진행된 각국의 배기가스 규제와 전기차 전환 등의 산업 재편 과정에서 폭스바겐은 부진한 성과를 보여준 반면, 현대자동차그룹은 양적·질적 성장을 이루어냈습니다. 제네시스가 폭스바겐을 넘어설 수 있다는 대담한 예측이 꿈에 머물지만은 않을 거라는 얘기입니다.

2-25 자동차 ETF

ETF명	코드	포트폴리오
SOL 자동차TOP3플러스	466930	현대차, 기아차, 현대모비스 종목당 25% 할당
SOL 자동차소부장Fn	464600	완성차 제조 기업은 없으며 부품주 중심의 포트폴리오
KODEX 자동차	091180	KRX(한국거래소) 자동차 지수 추종
TIGER 현대차그룹+펀더멘털	138540	현대차그룹과 현대중공업그룹

자료: 해당 운용사 ETF 홈페이지, 기초지수 산출기관 웹사이트

자동차 ETF 중에 현대차와 기아차 등 완성차 제조업과 밸류체인에 집중 투자하는 ETF는 'SOL 자동차TOP3플러스', 'KODEX 자동차', 'TIGER 현대차그룹+펀더멘털'이 있습니다.

'SOL 자동차TOP3플러스'와 'KODEX 자동차'는 현대차, 기아, 현대모비스 세 종목을 20% 수준으로 집중 투자한다는 점에서는 유사합니다. 그러나 세 종목 이외의 부품주는 성격이 다릅니다. SOL ETF는 LG전자·삼성전기·현대오토에버 등 전장부품 중심으로 투자하는데, KODEX는 한국타이어앤테크놀로지·현대위아·HL만도 등 순수 자동차 부품주에 투자합니다.

'SOL 자동차소부장Fn'은 현대차·기아에는 투자하지 않으며, 전장과 순수 자동차 부품주에 분산투자 합니다. 'TIGER 현대차그룹+펀더멘털'은 현대제철·현대글로비스·HD한국조선해양 등 범현대그룹 중 제조업 펀더멘털(fundamental)이 강한 기업에 투자하므로 순수 자동차 ETF 성격은 아닙니다.

13

밸류업을 주도하는 은행주 ETF

★ 자기주식을 주식시장 등에서 사들이는 것. 유통 물량이 감소하기 때문에 단기적으로 주가 상승 요인이 될 수 있음. 매입 후 소각을 하면 주주에게 이익을 환원해주는 효과가 있는 반면, 소각하지 않으면 유통 주식 수만 감소할 뿐 발행 주식 수는 유지되고 기존 주주의 지분율도 상승하지 않음.

2024년 현재 한국거래소와 금융 당국을 중심으로 밸류업 프로그램이 추진되고 있습니다. 밸류업 지수와 연계된 ETF 상장도 진행 중인데, 주식시장에서는 연초부터 이미 관련주와 ETF 가격에서 밸류업에 대한 관심이 반영돼왔습니다. 투자자 입장에서 밸류업은 배당과 자사주 매입★ 등 주주환원 정책이 핵심이 될 것입니다. 은행주와 관련 ETF로 매수세가 몰리는 이유입니다.

💲 주주환원 정책에 진심인 은행들

자사주 매입 후 소각은 발행 주식 수를 감소시켜 기존 주주의 지분율을 상승시키는 효과가 있습니다. 또 주식 가격의 평가에 사용되는 주가수익비율(Price Earning Ratio, PER)★과 주가순자산비율(Price to Book Ratio, PBR)★의 분모인 주당순이익(Earning Per Share, EPS)과 주당순자산(Book-value Per Share, BPS)이 증가해 평가지표를 낮추는 효과가 있습니다. 밸류에이션 매력이 높아진다는 의미입니다. 그래서 배당과 함께 대표적인 주주환원 정책으로 평가됩니다.

신한지주는 50%의 주주환원과 3조 원 이상의 자기주식 매입을 통해 발행 주식 수의 약 10%에 해당하는 500만 주를 감소시키겠다는 목표를 밝혔습니다. KB금융은 1분기부터 분기별 균등 현금배당을 실시하고 있으며, 자기주식 매입 및 소각에 1분기 발표된 3,200억 원 외에 4,000억 원을 추가하기로 이사회에서 결의했습니다.

하나금융지주는 1분기에 발표한 3,000억 원 규모의 자기주식 매입 및 소각을 8월에 완료했으며, 추가 자기주식 매입에 대한 기대도 살아 있습니다. 우리금융은 증권회사 인수 등으로 투자가 많지만 유상증자★가 필요할 정도의 지출은 없을 것이라고 강조하면서 장기적으로 주주환원율 50%를 제시했습니다. 풍부한 현금흐름과 안정적인 사업 모델인

★ **주가수익비율** 주가를 주당순이익으로 나눈 값.

★ **주가순자산비율** 주가를 주당순자산으로 나눈 값.

★ **유상증자** 기업이 신규 주식을 발행하여 자금을 조달하는 행위. 주식 수가 많아지기 때문에 유상 증자에 참여하지 않는 기존 주주는 지분율이 감소하게 되며, 지분율을 유지하기 위해서는 추가 자금을 납입하여 유상증자에 참여해야 함.

은행업이 밸류업 프로그램에서 중추적인 역할을 하고 있는 것입니다.

한국거래소 은행업 지수에 포함된 10개 종목의 평균 배당수익률은 4.82%(2024년 8월 26일 기준)이며, 시가총액 상위 5개 은행만 포함하면 5.44%에 달합니다. 코스피 전체적으로 1.9% 수준인 점과 비교하면 2.5배가 넘습니다. 은행 업종의 높은 배당수익률과 사업지속성 그리고 자사주 매입 및 소각을 포함한 주주환원율은 매력적인 투자 포인트라고 할 수 있습니다.

⑤ 은행주 ETF

2024년 연초 이후 8월 말까지 코스피지수는 1.75% 상승했는데 은행주 ETF의 평균 상승률은 36.11%였습니다. 밸류업 프로그램이 발표되면서 관심이 집중된 데 따른 결과입니다. 2023년 10월 상장된 'TIGER 은행고배당플러스TOP10'은 42.36% 상승하며 업종 ETF 상승세를 주도했습니다.

TIGER ETF는 카카오뱅크와 제주은행을 제외한 주요 금융지주와 삼성생명, 삼성화재를 포함하는데 포트폴리오 비중을 고려한 평균 배당수익률은 5.72%로 코스피 평균의 3배 수준입니다. 2024년 6월 25일 상장한 'SOL 금융지주플러스고배당'은 상장 이후 15.7% 상승했습니다(같은 기간 코스피지수는 2.28% 하락했습니다). SOL ETF는 주요 은행지주와 함께 메리츠금융지주와 한국금융지주 등 증권업을 영위하는

ETF명	코드	상장일	기초지수
SOL 금융지주플러스고배당	484880	2024/06/25	FnGuide 금융지주플러스고배당 지수(PR)
TIGER 은행고배당플러스TOP10	466940	2023/10/17	FnGuide 은행고배당플러스TOP10 지수(시장가격 지수)
KODEX 미국S&P500금융	453650	2023/03/21	S&P Financial Select Sector Index(Price Return)
RISE 200금융	284980	2017/12/08	코스피200 금융
TIGER 200 금융	139270	2011/04/06	코스피200 금융
TIGER 은행	091220	2006/06/27	KRX 은행
KODEX 은행	091170	2006/06/27	KRX 은행

자료: 한국거래소(기준일: 2024.8.26. 최근 상장일 순)

금융지주로 구성됐다는 특징이 있습니다. 포트폴리오 평균 배당수익률은 4.77%입니다.

은행의 이익은 대출 성장 그리고 대출과 예금의 이자율 차이로 결정됩니다. 주택담보대출의 성장과 금리 상승 등으로 누적된 이익이 밸류업 프로그램과 맞추어지며 주주에게 환원되는 과정인 것입니다. 그러나 주식시장에는 은행업의 추가 성장에 대한 의구심이 여전히 존재합니다. 이익 성장에 기반한 주주환원은 가치를 상승시키는 동력이 되지만 이익 성장이 없는 주주환원은 기업가치를 훼손하기 때문입니다. 그러므로 시장 전체의 성장이 제한적일 때 주목받는 고배당 업종이라는 매력보다 장기 성장동력을 확보하는지를 지켜볼 필요가 있습니다.

AI 밸류체인

- 인프라〉반도체〉생성형 AI〉소프트웨어가 AI 밸류체인입니다.
- AI 반도체는 GPU를 제조하는 미국 기업 엔비디아와 HBM을 제조하는 한국 기업 삼성전자, SK하이닉스로 구분할 수 있습니다.
- 밸류체인 최상단은 소프트웨어이고, 인프라는 전력 인프라와 네트워크(통신) 인프라로 구분됩니다.
- 인공지능의 확산으로 부족해진 전력을 보충하기 위한 방법으로 원자력이 주목받고 있습니다.

비만과 바이오

- 비만 치료제 관련 종목은 미국의 '일라이릴리'와 덴마크의 '노보노 디스크'가 대표적입니다.
- 차세대 바이오 기술은 유전자 세포 치료제와 ADC(항체약물접합체)가 주목받고 있습니다.
- AI 바이오는 영상 판독과 신약 개발에 혁신을 가져올 것입니다.

테슬라 ETF

- 전기차 이외 투자 포인트로 자율주행과 로보틱스도 있습니다.
- 테슬라 관련 주식에 집중 투자하는 주식형 ETF는 '테슬라밸류체인 ETF'가 있습니다.
- 테슬라를 기초 자산으로 월배당을 추구하는 커버드콜 ETF는 'KODEX 테슬라 커버드콜채권혼합액티브'입니다.

로보틱스

- 로보틱스는 국내 주식에 투자하는 ETF와 글로벌 주식에 투자하는 ETF 중 선

택할 수 있습니다.

- 순수 로보틱스 종목이 많지 않아 AI 관련 테마와 합성되기도 합니다.

K-방위산업

- 대한민국 주식시장의 메가 트랜드는 70년 휴전이라는 특수성으로 성장한 방위산업입니다.
- 글로벌 국방 예산은 GDP의 2% 수준이며 증액은 아직 시작단계일 수 있습니다.
- K방산 대표 종목은 '한화에어로스페이스', 'LIG넥스원', '한국항공우주'입니다.
- 차세대 방위산업으로는 우주항공과 로보틱스 그리고 조선업이 주목받고 있습니다.
- 미국 방위산업이 우량주라면 한국 방위산업은 성장주입니다.

제네시스

- 현대자동차의 글로벌 판매량은 세계 3위입니다.
- 글로벌 2위 독일의 폭스바겐을 뛰어넘을 수도 있습니다.
- 현대자동차의 인도법인 상장은 도약의 디딤돌이 될 것입니다.

밸류업과 은행주

- 한국거래소와 금융당국의 밸류업 프로그램으로 은행 업종이 주목받고 있습니다.
- 대형 은행주 5종목의 평균 배당수익률은 5.44%로 코스피(1.9%)의 두 배가 넘습니다.
- 안정적 이익 원천을 보유한 금융지주들이 배당과 자사주 매입을 포함한 주주환원 목표를 발표하며 밸류업 프로그램에 앞장서고 있습니다.

커버드콜
&
배당주 ETF

커버드콜, 월배당 프리미엄의 원천

인컴은 일정한 기간에 예상 가능한 수익을 말합니다. 열심히 일해서 받는 월급 또는 은행에 예금하고 받는 이자가 대표적입니다. 하지만 금융 자산에 투자해서 받는 인컴도 있습니다(부동산 임대를 통해 받는 월세도 인컴입니다). 채권을 사서 받는 이자 또는 주식에 투자해서 받는 배당이 전통적인 인컴입니다. 그런데 하나가 더 있습니다. 파생상품 중 하나인 옵션을 매도해서 받는 가격 또는 '프리미엄'입니다.

파생상품은 영어 단어 'derivatives(파생물)'에서 알 수 있듯이, 특정 기초자산에서 파생된 상품이라는 뜻입니다. 대표적으로 옵션과 선물이 있는데 여기서는 옵션만 다루겠습니다. 또 기초자산이 주식일 수도 있고 채권일 수도 있는데, 우선 주식을 기초자산으로 설명하겠습니다.

옵션은 말 그대로 보유한 사람이 권리를 행사할 수도 있고, 행사하지 않아도 되는 상품입니다. 즉, 꼭 행사해야 하는 '의무'가 아니라 '권리'라는 의미입니다. 옵션의 가격 결정 이론에는 어려운 수학과 물리학이 적용되기 때문에 이런 학문을 '금융공학'이라고 부르기도 합니다[이 이론을 만든 이들이 노벨 경제학상을 받기도 했습니다. 블랙-숄즈 옵션 가격결정 모델(Black-Scholes Option Pricing Model)을 발표한 마이런 숄즈(Myron Scholes)와 로버트 C. 머튼(Robert C. Merton)이 그 주인공입니다. 하지만 정작 이론을 완성했고 모델명에도 이름이 들어간 피셔 블랙(Fischer Black)은 노벨상 결정 이전에 사망해 받지 못했습니다].

ETF 투자 7일 완성

배당주 ETF 최적 투자법

주식 투자에서 빼놓을 수 없는 포인트가 배당입니다. 기업이 경영을 하고 성과의 일부를 주주에게 돌려주는 주주환원 정책의 핵심이죠. 가을에 자주 등장하는 '찬바람 불면 배당'이라는 기사 제목은 한국 배당 정책의 특성에 기인합니다. 대부분 상장기업이 12월 마지막 영업일(배당기준일)에 배당받을 주주를 확정하고, 3월에 주주총회 의결로 배당 금액을 정하여, 4월에 현금배당을 지급하니까요.

이처럼 배당이 얼마인지 확정되지도 않은 상태에서 배당 투자를 해야 하는 투자자들을 고려하여 금융 당국에서는 배당기준일을 주주총회 이후에 정할 수 있도록 했습니다. 배당 금액을 결정하는 주주총회는 다음 해에 열리는데, 해가 바뀌기도 전에 배당 기준일이 있기 때문입니다. 그런데 최근에는 중간배당, 분기배당이 증가하고 있습니다. 이에 따라 배당이 반영되는 시점이 분산될 것으로 보입니다.

01

옵션과
커버드콜의 구조

$ 쉽게 이해하는 옵션

옵션에 대하여 예를 들어 설명하겠습니다. A주식의 현재 가격이
10,000원이고, 우주와 하늘이라는 투자자가 있다고 해봅시다. 옵션시
장에서는 1년 후에 A주식을 10,000원에 살 수 있는 권리가 500원에
거래됩니다. 우주는 1년 후에 가격이 10% 이상 상승할 것으로 예상하
고, 반대로 하늘이는 가격이 유지 또는 하락할 것으로 생각합니다. 우
주는 이 옵션을 매수하고, 하늘이는 우주가 옵션을 행사(실제 만기에 사
겠다는 의사표시)하면 응해주는 의무를 선택합니다. 우주는 의무를 선택
한 하늘이에게 500원을 줍니다. 우주는 옵션을 매수한 것이고, 하늘이
는 매도한 것입니다. 이때 500원이 옵션의 가격이 되는데 이를 '프리
미엄(premium)'이라고 합니다. 1년 후 10,000원에 살 수 있는 권리를

콜옵션(Call Option)이라고 하고, 여기서 10,000원을 '행사가격'이라고 합니다.

이해를 돕기 위해 콜옵션 가격의 시간가치는 계산하지 않고 단순화하겠습니다. 만약 A주식이 1년 후에 12,000원이 되면 어떤 상황이 벌어질까요? 우주는 콜옵션을 행사하여 10,000원에 A주식을 매수할 겁니다. 그리고 곧바로 시장에 팔면 2,000원 수익이 생깁니다. 최초 지급한 옵션 가격 500원을 빼면 1,500원의 이익을 보는 것입니다. 이때 하늘이는 시장에서 A주식을 12,000원에 사서 우주에게 10,000원에 팔아야 하기 때문에 2,000원 손실이 발생합니다. 그런데 초기에 받은 500원이 있으니 이를 빼면 1,500원 손실을 보게 되죠.

반대로 A주식이 1년 후에 8,000원이 되면 어떤 상황이 벌어질까요? 우주는 콜옵션을 행사하지 않을 것입니다. 옵션을 행사해서 10,000원에 사는 것보다 시장에서 그냥 8,000원에 매수하는 것이 더 싸게 사는 방법이니까요. 따라서 최초 지불한 옵션 가격 500원만 손실 보면 됩니다. 하늘이는 우주가 옵션을 행사하지 않으면 할 일이 없습니다. 최초 받은 500원만 이익을 보고 끝나죠.

여기서 콜옵션을 매도한 하늘이가 받은 프리미엄 500원이 앞으로 이야기할 월배당의 원천이 되는 커버드콜 프리미엄입니다.

결국 우주는 1년 후에 A주식의 가격이 콜옵션 가격 500원과 행사가격 10,000을 더한 10,500원 이상으로 상승하면 이익이 발생하고, 이때 하늘이는 손실을 봅니다. 반대로 A주식의 가격이 10,000원으로 유지되거나 그 이하로 하락하면 우주는 콜옵션 가격 500원의 손실을 보

콜옵션 거래 예시

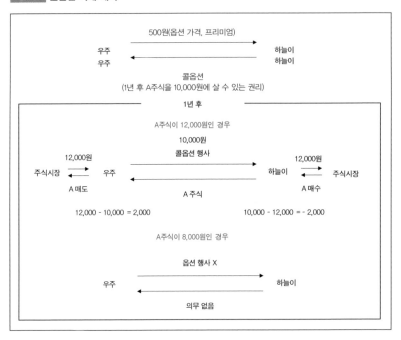

우주와 하늘이의 손익구조

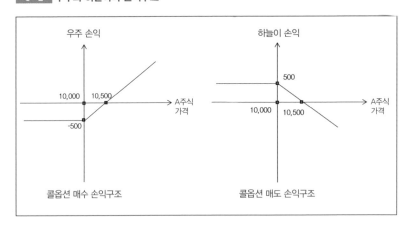

ETF 투자 7일 완성

고, 하늘이는 500원의 이익을 얻습니다.

지금까지 특정 기초자산을 정해진 미래(만기)에 정해진 가격(행사가격)으로 살 수 있는 권리인 콜옵션에 대하여 알아봤습니다. 금융시장에는 특정 기초자산을 만기에 행사가격으로 팔 수 있는 권리인 풋옵션(Put Option)도 있습니다. 하지만 이 책에서는 다루지 않고, 국내 상장된 ETF에 적용된 옵션 전략인 커버드콜을 설명하기 위하여 콜옵션만 이야기하겠습니다.

💲 쉽게 이해하는 커버드콜

커버드콜은 기초자산인 현물과 파생상품인 콜옵션을 결합하여 만든 전략을 말합니다. 앞에서 설명한 바와 같이 기초자산 가격이 현재와 비슷하게 유지되거나 하락할 때 콜옵션을 매도한 하늘이는 최초 받은 옵션 프리미엄(가격)만큼 이익을 보게 됩니다. 문제는 기초자산 가격이 상승하여 옵션 매수자가 만기에 행사를 하면 비싼 가격에 기초자산을 매수하여 행사에 응해야 하기 때문에 손실이 발생할 수 있다는 것입니다. 이런 위험으로부터 손익을 방어(헤지)하기 위해서는 콜옵션을 매도하는 시점에 기초자산을 함께 매수하면 됩니다. 그러면 매수자가 옵션을 행사할 때 기초자산 가격이 얼마나 상승했든 기존에 보유하고 있던 현물을 주면 그만입니다. 요약하면, 기초자산을 매수하고 콜옵션을 매도하여 콜옵션 프리미엄을 수취하는 구조를 커버드콜이라고 합니다.

미국 옵션의 만기는 일반적으로 한 달에 한 번, 세 번째 금요일입니다. 그래서 한 달에 한 번씩(Monthly) 리밸런싱(정기 변경)을 합니다. 만기가 된 콜옵션을 청산하고 새로운 만기, 즉 다음 달 세 번째 금요일 만기의 콜옵션을 다시 매도하며 매월 콜옵션 매도 프리미엄을 쌓아가는 전략입니다. 커버드콜 ETF에는 이 프리미엄을 원천으로 월배당을 하는 상품들이 많습니다. 프리미엄은 기초자산의 변동성과 연동되는데 결국 변동성이 ETF 월배당의 원천이 된다는 의미입니다.

그림과 함께 커버드콜 전략의 손익구조를 설명하겠습니다(〈3-3〉 참조). 기초자산을 매수하고 콜옵션을 매도합니다. 행사가격이 기초자산 가격과 같다고 가정했는데, 이런 경우를 ATM(등가격)이라고 합니다. 기초자산 가격이 10,000원(행사가격)이면 콜옵션 매도 프리미엄 500원만 수익입니다. 기초자산 가격이 하락하면 커버드콜 수익도 같이 하락하지만, 콜옵션 매도 프리미엄 500원은 하락분에서 빼야 합니다. 기초자산 가격이 상승하면 상승분은 모두 포기하고 수익을 콜옵션 매도 프리미엄 500원으로 확정합니다. 기초자산 가격이 상승함

3-3 커버드콜 손익구조(ATM 가정)

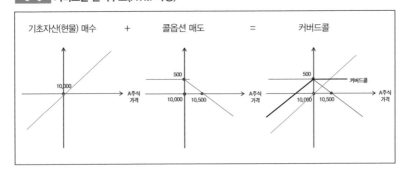

	기초자산 가격		손익
현재의 기초자산 가격: S_0(10,000) 만기의 기초자산 가격: S_1 행사가격: X_0(10,000) 콜옵션 매도 프리미엄: P_0(500)	가격 하락	$S_1 < S_0$	($S_1 - S_0$) 손실 + 500
	유지	$S_1 = S_0$	500
	가격 상승	$S_1 > S_0$	500

에 따라 현물의 수익과 콜옵션 매도 의무로 발생하는 손실은 상쇄됩니다.

매도하는 콜옵션의 행사가격이 기초자산 가격보다 5% 높은 경우(이 사례에서는 행사가격이 10,500원인 경우)를 가정해보겠습니다(〈3-5〉 참조). 이런 경우를 외가격(Out of The Money, OTM)이라고 하며 기초자산 가격이 5% 상승할 때까지는 커버드콜 수익도 같이(5% + 콜옵션 프리미엄) 상승합니다. 5% 이상 상승하면 추가 상승분은 포기하고 수익을 옵션 프리미엄으로 확정합니다. 이 경우 OTM의 옵션 프리미엄(예: 300원)은 ATM의 프리미엄(500원)보다는 작습니다. 기초자산 가격 상승에 일부 참여할 수 있기 때문입니다. 기초자산 가격이 하락하면 커버드콜 수익도 같이 하락하지만, OTM 콜옵션 프리미엄만큼은 상쇄할 수 있습니다.

3-5 OTM일 때 손익

	기초자산 가격		손익
현재의 기초자산 가격: S_0(10,000) 만기의 기초자산 가격: S_1 행사가격: X_0(10,500) 콜옵션 매도 프리미엄: P_0(300)	가격 유지 또는 하락	$S_1 \leq S_0$	($S_1 - S_0$) + 300
	행사가격 이하 가격 상승	$S_0 < S_1 \leq X_1$	($S_1 - S_0$) + 300
	행사가격 초과 가격 상승	$S_1 > X_1$	($X_1 - S_0$) + 300

02

S&P500 커버드콜
JEPI와 JEPQ

2020년 코로나 팬데믹을 지나며 과도하게 풀린 유동성은 주식과 부동산 등에 대한 관심을 끌어올렸습니다. 특히 미국에서는 옵션시장

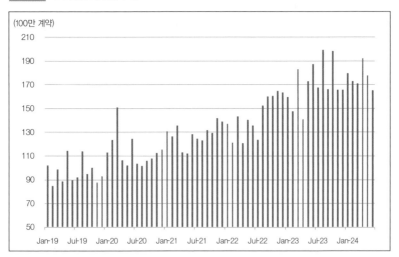

3-6 미국 옵션 거래량 추이

자료: CBOE(시카고옵션거래소)

참여자가 많아지며 거래량이 급증했는데, 성장한 옵션시장을 기반으로 다양한 옵션 전략 ETF가 출시되면서 새로운 인컴의 원천이 되고 있습니다.

기초자산을 행사가격에 사고팔 수 있는 권리인 옵션은 유리한 경우에만 행사하면 되기 때문에 기초자산의 가격 등락이 커질수록, 다른 표현으로는 변동성이 확대될수록 수익 기회가 많아집니다. 따라서 옵션 가격 또는 옵션 프리미엄은 기초자산의 변동성이 커질수록 높아집니다. 변동성이 인컴의 원천이 된다는 의미입니다.

⑤ 커버드콜 전략을 사용하는 ETF

미국에 상장된 ETF 중 커버드콜 전략을 사용하는 ETF를 살펴보겠습니다. 이른바 '서학개미'라고 불리는 투자자들에게 많이 알려진 ETF이므로 알아두면 좋은 상품들입니다.

미국 ETF의 최근 3년간(2024년 7월 기준) 자금 유입 상위 30개를 보면 액티브 ETF는 단 2개만 포함되어 있습니다. 'JPMorgan Equity Premium Income(JEPI)'와 'JPMorgan Nasdaq Equity Premium Income(JEPQ)'입니다. 티커명 JEPI(제피)와 JEPQ(젭큐)로 더 잘 알려져 있습니다. 두 ETF의 공통점은 JP모건자산운용의 상품이라는 것과 커버드콜 전략 상품이라는 것입니다.

S&P500(SPX)을 비교지수로 하는 JEPI는 미국 대형주를 중심으로

★ JEPI 투자설명서를 조금 더 구체적으로 보면 ELN(Equity Linked Note)이라는 상품의 커버드콜 전략을 실행하는 투자은행 상품을 매입하는 것으로 되어 있음.

JP모건 애널리스트와 펀드매니저들이 저평가된 주식들을 리서치하여 투자하는 액티브 ETF입니다. 이때 주식 포트폴리오에 전체 순자산의 80% 이상을 투자하고, 20% 미만으로 OTM 콜옵션을 매도하는 커버드콜 전략을 실행합니다.★ 주식 포트폴리오에서 발생하는 배당과 커버드콜에서 나오는 콜 프리미엄을 기반으로 월배당을 지급합니다.

주식 포트폴리오는 밸류에이션과 베타(Beta, β)를 고려한 퀄리티(quality) 종목을 중심으로 투자합니다. 여기서 밸류에이션은 가치 평가를 통해 저평가된 종목을 찾는다는 의미이며, 베타는 시장의 변동성에 대한 민감도를 나타내는 표현으로 변동성이 낮은 종목을 고른다는 뜻입니다. 퀄리티는 질(質)이 좋은 주식을 말하는데, 일반적으로 부채가 적고 현금을 많이 벌어들이는 기업을 의미합니다. 그러므로 시가총액 대형주 중심으로 구성된 S&P500과는 차이가 있습니다.

JEPI는 JP모건자산운용의 브랜드와 낮은 변동성, 퀄리티 주식 포트폴리오, 월배당 커버드콜 전략의 합성이라는 포인트로 급성장을 이뤘습니다. 2024년 7월 기준 단일 ETF 순자산 337억 4,000달러(약 46조 5,000억 원) 규모에 달했습니다. 그러나 수익률이라는 관점에서는 S&P500지수보다 낮습니다. 투자할 때는 낮은 변동성과 월배당 그리고 S&P500의 장기 성과에 대한 믿음과 기대가 있었겠지만, 2020년 ETF 설정 이후 S&P500의 가파른 상승세를 따라가지 못한 것입니다. 게다가 밸류에이션 지표가 높은 IT 업종에 대한 투자 비중이 작았기

JEPI 주식 포트폴리오와 S&P500 업종 구성

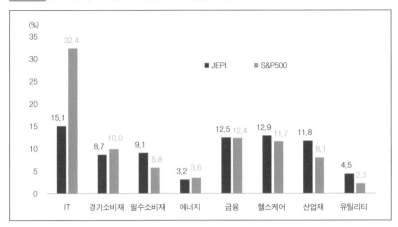

자료: JP모건자산운용, S&P글로벌(2024년 6월 말 기준 Factsheet)

JEPI 월분배금과 분배율

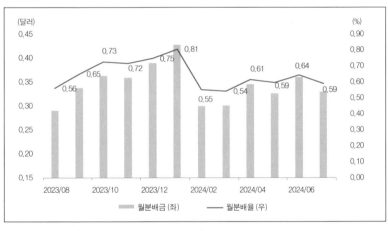

자료: JP모건자산운용(월분배율은 분배일자 가격으로 계산)

때문에 빅테크 중심의 상승장에서 상대적으로 불리할 수밖에 없었죠.

하지만 〈3-9〉에서 보듯이, 2023년 7월부터 10월 그리고 2024년 6월부터 7월 사이에 나타난 하락에서는 투자 목적에 부합하는 낮

JEPI와 S&P500지수의 최근 1년 수익률

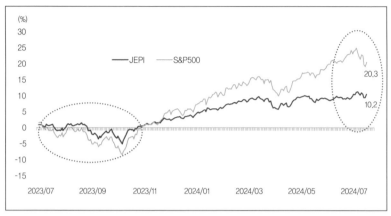

※ JEPI는 배당을 포함한 수정주가가 적용된 TR이므로 단순 종가를 적용한 PR 차트와는 차이가 있음.
자료: 야후파이낸스(Yahoo Finance, 기준일: 2024.7.26)

은 변동성을 확인할 수 있습니다. 결국 상승 기대만으로 투자한다면 S&P500지수를 추종하는 ETF(SPY, IVV, VOO 등)를 선택하는 것이 맞지만, 낮은 변동성과 월배당을 선호한다면 JEPI와 같이 커버드콜 또는 퀄리티 주식 포트폴리오의 액티브 전략이 혼합된 형태의 ETF를 선택하는 것도 고려해볼 수 있습니다.

⑤ <u>JEPQ와 QYLD</u>

JEPI의 나스닥100지수 버전이 JEPQ입니다. 또 다른 나스닥100지수 커버드콜 전략 ETF로는 QYLD(The Global X Nasdaq 100 Covered Call ETF)가 있습니다. 글로벌X는 2018년 미래에셋그룹이 인수한 미국의

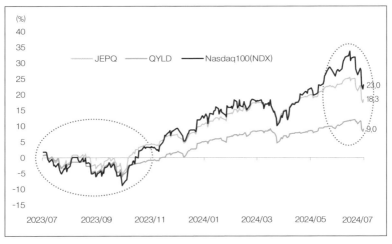

(%)
40
35
30
25
20
15
10
5
0
-5
-10
-15

JEPQ — QYLD — Nasdaq100(NDX)

23.0
18.3
9.0

2023/07   2023/09   2023/11   2024/01   2024/03   2024/05   2024/07

※ JEPQ, QYLD는 배당을 포함한 수정주가가 적용됨.
자료: 야후파이낸스(기준일: 2024.7.26.)

ETF 운용사입니다. 나스닥100지수(NDX)는 나스닥에서 대형주 중심의 대표주 100종목으로 구성한 지수입니다. JEPQ와 QYLD의 차이는 JEPQ는 순자산의 20% 미만으로만 커버드콜 전략으로 구성되어 있지만, QYLD는 순자산의 100%가 커버드콜 전략이라는 점입니다. 또 매도하는 콜옵션에서 JEPQ는 OTM을 선택하지만, QYLD는 ATM을 선택합니다. 주식 포트폴리오에서는 QYLD는 나스닥100지수를 그대로 추종하지만, JEPQ는 JEPI와 마찬가지로 상대적으로 저평가된 낮은 변동성의 주식을 리서치를 통해 투자합니다.

그러므로 분배율은 QYLD가 많지만 상승하는 시장에서의 수익률은 JEPQ가 우월할 수밖에 없습니다. 반대로 횡보장(지수가 박스권에 갇혀 일정한 범위에서 등락하는 시장)에서는 QYLD가 합리적인 선택이 됩니

DAY 3

다. 이런 차이는 운용 능력의 차이보다는 상품 구조의 차이라고 할 수 있습니다. 결과적으로 수익률은 투자자의 시장 판단과 선택에 달려 있습니다. 그러니 ETF 구조를 알아야 시장에 적합한 상품을 고를 수 있는 것입니다.

타겟 프리미엄 커버드콜 ETF

일정한 타겟(Target, 목표) 프리미엄을 기준으로 운용하는 커버드콜과 콜옵션 매도 비중이 10% 또는 30%로 고정된 ETF를 선호하는 투자자들이 많습니다. 기초자산 가격의 상승이 제한될 수밖에 없는 커버드콜 전략의 단점을 극복하기 위한 진화 과정이라고 할 수 있는데요. 기초자산 대비 매도하는 콜옵션의 비율을 줄여 '(1-매도비율)'만큼의 순자산을 기초자산의 상승에 노출시키는 전략입니다.

매도하는 콜옵션의 행사가격을 ATM 대신 OTM으로 선택하는 방법도 있지만, 그러면 수취하는 프리미엄이 줄어들게 됩니다. 그래서 최근에는 콜옵션 매도 주기를 Monthly(월간)에서 Weekly(주간) 또는 Daily(매일)로 줄이면서 목표한 프리미엄은 수취하며 매도 비중을 줄이는 전략이 적용되고 있습니다.

기존에는 ETF 명칭에 '+15% 프리미엄'과 같은 용어가 사용됐는데,

자료: 'KODEX 미국AI테크TOP10타겟커버드콜' 투자설명서

'+15%'와 같은 숫자가 확정 수익이라는 오해를 줄 수 있고, '프리미엄'이라는 단어가 '고급'이라는 이미지를 줄 수 있다는 금융감독원의 지적이 있었습니다. 그래서 2024년 9월 '타겟' 또는 '고정'이라는 명칭과 '커버드콜'이라는 전략 이름이 포함되는 구조로 ETF명이 모두 변경됐습니다. 그러므로 ETF별 목표 프리미엄과 분배율 그리고 콜옵션 매도비율[또는 커버비율(coverage ratio)]을 해당 자산운용사 ETF 홈페이지에 게시된 '(간이) 투자설명서' 또는 상품 설명 자료에서 꼭 확인해봐야 합니다.

★ 'TIGER 미국배당다우존스타겟커버드콜1호'는 'TIGER 미국배당+3%프리미엄다우존스'에서 변경된 명칭이며, 'TIGER 미국배당다우존스커버드콜2호'는 'TIGER 미국배당+7%프리미엄다우존스'에서 변경된 명칭임.

타겟커버드콜 ETF는 매도해서 얻는 목표 프리미엄을 미리 정해놓은 상품입니다. 2023년 6월 미래에셋자산운용에서 상장한 'TIGER 미국배당다우존스타겟커버드콜1호'와 'TIGER 미국배당다우존스커버드콜2호'가 첫 상품이었습니다.★ '다우존스미국배당100' 지수를 추종하는 주식 포트폴리오

에 S&P500지수를 기초자산으로 하는 ATM 콜옵션을 매월 세 번째 금요일인 미국 월간(Monthly) 옵션만기일에 매도하여 얻는 프리미엄을 더하는 구조입니다. 특징은 순자산 100%에 해당하는 콜옵션을 매도하는 것이 아니라 미리 정해놓은 연간 목표 프리미엄을 수취하는 정도만 매도한다는 점입니다. 예를 들어 연간 '+7%'의 프리미엄을 얻기 위해 매도해야 하는 콜옵션이 순자산 대비 40%면 된다고 할 때, 주식 순자산의 40%에 해당하는 콜옵션만 매도하고 60%는 주식 포트폴리오의 상승에 참여할 수 있도록 설계한 것입니다. 순자산 100%의 콜옵션(ATM)을 매도하면 쌓이는 프리미엄은 더 많겠지만 주식 상승에는 전혀 참여하지 않게 됩니다.

만약 목표 프리미엄이 앞의 예보다 2배가 조금 넘는 '+15%'라고 하면 매도하는 순자산 대비 콜옵션 비율이 80% 수준이 되어 주식 포트폴리오의 상승에는 20% 참여하게 됩니다. 월배당 인컴도 받으면서 주식 포트폴리오의 상승 참여율을 조절해가는 전략입니다.

앞에서 살펴봤듯이 기초자산의 변동성이 높아지면 콜옵션 매도로 얻을 수 있는 프리미엄도 함께 높아집니다. 'KODEX 미국AI테크 TOP10타겟커버드콜'★ ETF는 미국 대형 AI테크 주식 포트폴리오의 투자 포인트와 나스닥100지수가 S&P500보다 변동성이 높아 콜옵션 프리미엄

★ 'KODEX 미국AI테크 TOP10+15%프리미엄'에서 변경된 명칭임.

도 높다는 점을 활용한 상품입니다. 목표 프리미엄이 높아지면 콜옵션 매도비율이 높아져 주식 포트폴리오의 상승 참여율이 줄어드는데, 변동성이 높은 기초자산을 선택하면 콜옵션 매도비율을 낮게 유지하고

★ 옵션가치는 시간가치와 내재가치로 구성되는데, 만기가 다가올수록 시간가치 감소 기울기가 급해지는 'Time decay'라는 현상이 있음. 만기가 짧은 옵션은 잦은 매도를 통해 Time decay를 더 많이 사용할 기회를 만들기 때문에, 더 자주 매도하는 짧은 만기의 옵션 매도로 얻는 프리미엄이 긴 만기의 옵션 프리미엄보다 높음 (더 자세한 설명은 파생상품 또는 금융공학 도서나 동영상 참조).

주식 포트폴리오의 상승 참여율을 높게 유지할 수 있기 때문입니다.

앞에서도 간단히 언급했지만 목표 프리미엄을 높여도 낮은 매도비율 또는 높은 참여비율을 유지하는 또 다른 방법은 콜옵션 리밸런싱(매도) 주기를 짧게 하는 것입니다. 통계적으로 콜옵션 프리미엄은 매도 주기가 짧을수록 같은 기간에 높은 프리미엄을 얻기 때문입니다.★ 따라서 현재 상장되어 있는 높은 타겟 프리미엄을 추구하는 ETF는 콜옵션의 기초자산이 상대적으로 변동성이 높은 나스닥 100과 같은 기초자산을 선택하고, 콜옵션 리밸런싱 주기도 Weekly 또는 Daily인 상품들이 대부분입니다.

주의해야 할 점은 커버드콜 전략은 기초자산의 하락 위험에 100% 노출되어 있다는 것입니다. 다만 매도로 수취하는 콜옵션 프리미엄만큼은 상쇄할 수 있으니 순수한 주식 포트폴리오의 변동성보다는 낮습니다. 예를 들어 주식 포트폴리오가 10% 하락할 때 수취한 콜옵션 프리미엄이 3%라면 커버드콜 ETF는 7%만 하락하게 됩니다. 즉, 주식 ETF에 10,000원을 투자했다면 9,000원이 됐을 투자 원금이 9,300원이 되어 손실폭이 그만큼 줄어들게 된다는 의미입니다.

ETF명	코드	주식 포트폴리오	콜옵션 매도		
			기초지수*	행사가격	리밸런싱
TIGER 미국배당 다우존스 타겟커버드콜1호	458750	다우존스 미국배당100	S&P500 지수	ATM	Monthly
TIGER 미국배당다우존스 커버드콜2호	458760	다우존스 미국배당100	S&P500 지수	ATM	Monthly
TIGER 미국테크TOP10 타겟커버드콜	474220	블룸버그 미국테크TOP10	나스닥 100지수	ATM	Monthly
ACE 미국반도체데일리타겟 커버드콜(합성)	480040	블룸버그 미국반도체	QQQ ETF	+1.0% OTM	Daily
ACE 미국500데일리타겟 커버드콜(합성)	480030	블룸버그 미국500대형주	SPY ETF	+0.7% OTM	Daily
ACE 미국빅테크7+ 데일리타겟커버드콜(합성)	480020	블룸버그 미국빅테크TOP7	QQQ ETF	+1.0% OTM	Daily
KODEX 미국30년국채타겟 커버드콜(합성 H)	481060	블룸버그 미국국채만기 20년+	TLT ETF	ATM	Weekly
TIGER 미국S&P500 타겟데일리커버드콜	482730	S&P500	S&P500 지수	ATM	Daily
KODEX 미국배당다우존스 타겟커버드콜	483290	다우존스 미국배당100	S&P500 지수	ATM	Monthly
KODEX 미국AI테크TOP10 타겟커버드콜	483280	KEDI 미국AI테크 TOP10	나스닥100 지수	ATM	Weekly
TIGER 미국나스닥100 타겟데일리커버드콜	486290	나스닥100	나스닥100 지수	ATM	Daily

* 콜옵션 매도 기초지수에 사용된 미국 상장 ETF
 − SPY: 스테이트스트리트(State Street) 자산운용사의 S&P500지수를 추종하는 'SPDR S&P 500 ETF Trust'
 − QQQ: 인베스코(Invesco) 자산운용사의 나스닥100지수를 추종하는 'Invesco QQQ Trust Series I'
 − TLT: 블랙록(BlackRock) 자산운용사의 남은 만기가 20년 이상인 미국 국채 포트폴리오를 운용하는 'iShares 20+ Year Treasury Bond ETF'
자료: 각 ETF 웹사이트(ETF 상장순)

04
커버드콜 ETF, ELS와는 구조부터 다르다

커버드콜 ETF의 순자산이 빠르게 증가하고 있습니다. 다만 옵션이라는 파생상품이 사용된다는 점에서 우려의 목소리도 있습니다. 특히 은행의 불완전판매* 문제 등으로 고객 손실을 키웠던 홍콩 H지수*와 연계된 ELS(Equity Linked Securities) 상품과 비교하는 경우도 많습니다. 그러나 커버드콜 ETF와 ELS는 구조부터 다릅니다.

ELS는 주식 또는 주가지수와 연계된 증권입니다. 주로 증권회사가 발행하며 만기(보통 3년)가 있습니다. 만기 전 6개월마다 기초자산이 되는 주가지수가 특정 범위 내에 있으면 조기 상환하며 정해진 수익률을 받습니다. 그러나 만기에 주가지수가 특정 조건을 만족하지 못하면 큰 손실을 보게 됩니다. 즉 수익률의 변화가 연속적이지 않고, 정해진

★ **불완전판매** 금융기관이 고객에게 상품의 손실 가능성 등 필수 사항을 충분히 안내하지 않고 판매하는 것.
★ **홍콩H지수** 홍콩증권거래소에 상장된 중국 본토 기업들로 구성된 지수.

조건을 만족하느냐 아니냐에 따라 안정적인 수익을 거둘 수도 있고 큰 손실을 볼 수도 있습니다. 또 ELS는 발행하는 증권회사의 신용위험도 부담해야 합니다. 물론 대부분 대형 증권회사가 발행하기 때문에 큰 문제는 없습니다만, 발행 증권사에 현금이 없으면 문제가 될 수 있습니다.

커버드콜 ETF는 기초자산을 매수하고 콜옵션을 매도하는 상품입니다. 기초자산과 콜옵션 모두 거래소에서 유통되는 자산입니다. ETF와 구성 자산의 가격을 거래소에서 실시간으로 조회할 수 있을 뿐 아니라 가격의 움직임도 연속적입니다. 또 시장에서 유통되는 자산이기 때문에 발행사의 신용위험을 고려할 필요가 없습니다.

단순히 파생상품을 사용한다는 이유로 회피한다면 우리나라 금융의 발전은 생각할 수 없을 것입니다. 또 구조화된 투자 상품의 개발이 어려워질 것이며, 다양한 인컴형 투자 상품을 활용한 자산관리도 그만큼 어려워질 것입니다.

다만 커버드콜 전략을 충분히 이해해야 합니다. 특히 기초자산 가격이 급등락하는 시기에는 커버드콜 전략의 성과가 부진할 수밖에 없습니다. 예를 들어 매도비율 100%의 ATM 콜옵션을 매도하여 1%의 프리미엄을 수취했는데 기초자산 가격이 10% 하락하면, 커버드콜 전략은 9% 손실을 보게 됩니다. 그 지점에서 기초자산이 'V' 자로 반등해 다시 10% 상승한다면 주식은 손실의 상당 부분을 회복하지만 커버드콜 전략은 +1%의 프리미엄만 수취하게 됩니다. 물론 이런 단점을 보완하는 부분 매도비율 커버드콜 상품이 개발되면서 진화가 계속되고 있긴 합니다. 그렇더라도 투자에 나설 때는 기초자산의 성격과 어떤 행사가격의 옵션을 선택했는지 등 ETF 상품의 구체적인 전략을 확인할 필요는 있습니다.

유형별 국내 배당주 ETF

몇 가지 용어 정리부터 하고 시작할까 합니다. 기업이 매출에서 비용과 법인세를 차감한 후 계산되는 당기순이익에서 '몇 %'를 배당으로 지급하는가를 '배당성향(Payout ratio)'이라고 합니다. 정해진 배당금을 주식 수로 나누면 주당배당금(Dividend Per Shares, DPS)이 되고, 주당배당금을 주식 가격으로 나누면 배당수익률(Dividend Yield)이 됩니다.

배당 또는 가치 투자의 대가로 알려진 워런 버핏은 주식시장의 구루(Guru)★로 통합니다. 그런데 그가 경영하는 버크셔해서웨이(Berkshire Hathaway, BRK)는 배당을 하지 않습니다. 배당보다 성공적인 투자로 주식 가격 또는 기업가치를 올리는 것이 주주에게 더 바람직하다고 믿기 때문입니다. 전통적으로 배당수익률이 높은 한국의 주식들을 봐도 통신, 은행, 유틸리티(전력 등의 에너지 공급) 등으로 투자와 성장보다는 안정적

★ 모범이 되는 권위 있는 전문가.

인 사업을 하는 업종이 대부분입니다. 성장하는 배당주를 찾기 어렵습니다.

이런 이유로 한국 증시의 만성적인 저평가를 해소하고자 금융위원회와 한국거래소를 중심으로 이른바 밸류업 프로그램에 대한 논의가 활발합니다. 투자자 관점에서 핵심은 역시 배당을 포함한 주주환원 정책입니다.

금융 정보 업체 에프앤가이드에서 집계한 2024년 7월 기준 코스피의 평균 배당수익률은 1.91%입니다. 업종별로는 SK텔레콤, KT 등이 포함된 통신 업종이 6.21%로 가장 높았습니다. 보험업 4.95%, 금융업 4.22% 그리고 자동차 등이 포함된 운수장비 업종이 3.23%로 그 뒤를 이었습니다. 삼성전자, SK하이닉스가 포함된 전기전자는 1.24%로 코스피 평균보다 낮았습니다. 최신 기술을 유지하기 위해 설비투자를 많

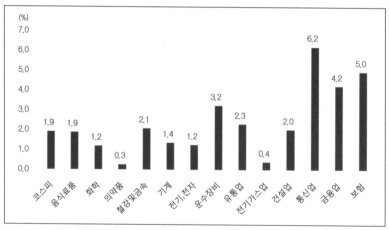

3-13 코스피 업종별 배당수익률

자료: 에프앤가이드(기준일: 2024.7.26)

이 해야 하기 때문입니다.

배당주에 투자하는 ETF는 크게 두 가지로 나누어집니다. 첫 번째는 '고배당'이고 두 번째는 '배당성장'입니다.

고배당은 말 그대로 배당수익률이 높은 기업을 선별한 포트폴리오입니다. 앞서 짚었듯이, 배당수익률은 주당배당금을 주식 가격으로 나눈 비율이죠. 따라서 배당수익률이 높은 이유가 배당금이 많아서인지 주식 가격이 낮아서인지를 구별해야 합니다. 낮은 주식 가격이 원인이라면 주식시장에서 기업의 성장성을 낮게 평가했기 때문이므로 높은 배당수익률을 좋게만 바라볼 수는 없습니다.

배당성향이 일정하더라도 이익이 증가하면 주당배당금이 매년 증가하게 되는데, 배당성장은 이런 요소를 기준으로 종목을 선정한 포트폴리오입니다. 배당수익률과 이익 성장을 함께 고려함으로써 배당주 ETF에서 간과될 수 있는 성장성까지 포함했다는 장점이 있습니다.

추가로, DAY 2에서 간략히 언급한 자기주식(또는 자사주) 매입 및 소각이 있습니다. 주주환원 정책의 또 다른 형태인데 기업이 이미 발행되어 거래되는 유통 주식을 기업의 이익을 기반으로 매입하여 제거하는 행위를 말합니다. 그러면 주식 수가 줄어들어 기존 주주의 지분율이 상승합니다. 또 주당순이익(EPS), 주당순자산(BPS), 주당배당금(DPS)을 계산할 때 분모(발행 주식 수)가 줄어들어 결괏값이 커집니다. 커진 EPS, BPS, DPS는 주가수익비율(PER, 주가÷EPS), 주가순자산비율(PBR, 주가÷BPS), 배당수익률((DPS÷주가)X100) 등 주식 가격의 수준을 측정하는 밸류에이션 지표들을 매력적으로 하는 효과가 있습니다. 전

구분	ETF명	코드	포트폴리오 기준
고배당	PLUS 고배당주	161510	예상 배당수익률 상위 30종목
	RISE 대형고배당10TR	315960	대형주 중 현금배당 많이 하는 종목 10개
	TIGER 은행고배당플러스TOP10	466940	고배당 은행주, 보험주 10개
	SOL 금융지주플러스고배당	484880	고배당, 자사주 매입 금융지주 10개
배당 성장	KODEX 배당성장	211900	코스피 배당성장 50지수 추종
	TIGER MKF배당귀족	445910	10년 연속 주당배당금이 증가 또는 유지
액티브	KoAct 배당성장액티브	476850	배당 및 주주환원 증가
	TIMEFOLIO Korea플러스배당액티브	441800	고배당, 중간배당, 배당성장
주주 가치	BNK 주주가치액티브	445690	배당수익률과 자사주 매입 비율
	ACE 주주환원가치주액티브	447430	순자산, 현금흐름, 배당금, 당기순이익
	HANARO 주주가치성장코리아액티브	482870	배당수익률과 자사주 소각 비율
	TRUSTON 주주가치액티브	472720	주주 행동주의

자료: 각 자산운용사 ETF 홈페이지, ETF 기초지수 방법론

문가들이 이야기하는 밸류에이션 매력이 생긴다는 의미입니다.

〈3-14〉는 국내 배당주에 투자하는 ETF들을 보여줍니다. 고배당, 배당성장, 액티브, 주주가치로 구분하여 대표적인 ETF를 정리했습니다. 2024년 상반기 밸류업 프로그램이 논의되면서 주목받았던 ETF는 'TIGER 은행고배당플러스TOP10', 'SOL 금융지주플러스고배당'과 같이 금융주에 투자하는 상품이었습니다. 주주가치로 분류된 ETF는 배당 외에 자사주 매입 및 소각이 반영된 ETF와 주주 행동주의를 표방하는 ETF를 포함했습니다. 상품 개요는 요약해놓았지만, 자세한 상품 설명은 해당 자산운용사 ETF 홈페이지를 방문하여 투자설명서를 확인하기 바랍니다.

06

미국 배당귀족 &
배당킹 ETF

미국 배당주에 투자하는 ETF로는 다우존스배당100지수를 추종하는 ETF와 S&P500배당귀족을 추종하는 ETF가 있습니다. 다우존스미국배당100지수는 10년 이상 연속 배당을 실시한 기업들을 대상으로 포트폴리오를 구성한 지수입니다. 동 지수의 방법론에는 배당수익률도 포함되기 때문에 고배당 포트폴리오의 성격이 강하다고 볼 수 있습니다. 다우존스미국배당100지수를 추종하는 ETF에는 월배당 상품이 많은데, 주식지수를 추종하는 ETF와 해당 지수의 콜옵션을 매도하여 특정 프리미엄을 목표로 운용하는 ETF까지 상장되면서 종류가 다양해졌습니다.

S&P500배당귀족지수는 25년 연속 주당배당금이 증가한 기업을 중심으로 포트폴리오를 구성하기 때문에 배당성장의 성격이 강합니다. '배당귀족(Dividend Aristocrats)'보다 더 엄격한 기준인 50년 연속

ETF명	코드	성격	주식 부문 기초지수
SOL 미국배당다우존스	446720	주식	다우존스미국배당100
TIGER 미국배당다우존스커버드콜2호	458760	커버드콜	다우존스미국배당100
RISE 미국S&P배당킹	460660	주식	S&P배당킹
KOSEF 미국방어배당성장나스닥	373790	주식	나스닥미국저변동배당
TIGER 미국S&P500배당귀족	429000	주식	S&P500배당귀족
KODEX 미국S&P500배당귀족커버드콜(합성 H)	276970	커버드콜	S&P500배당귀족

자료: 각 자산운용사 ETF 홈페이지, ETF 기초지수 방법론

주당배당금이 증가한 기업으로 구성한 지수가 'S&P배당킹(Dividend Monarch)'입니다.

다우존스미국배당과 S&P500배당귀족 두 지수를 비교해보면 2024년 7월 특별배당을 제외한 배당수익률 기준으로 다우존스미국배당100은 3.75%이고 S&P500미국배당귀족은 2.36%로, 다우존스지수가 상대적으로 고배당 포트폴리오 성격이 짙고 S&P배당귀족지수가 배당성장의 성격이 강한 것을 확인할 수 있습니다.

07

업황이 중요한
리츠와 인프라

리츠(Real Estate Investment Trusts, REITs)는 '부동산투자신탁'을 의미하는데, 주로 오피스 빌딩에 투자하는 부동산 펀드로 이해하면 됩니다. 일부를 제외한 대부분의 리츠는 수익의 90% 이상을 배당하도록 의무화하고 있어 전통적인 고배당주의 성격을 지닙니다. 최근에는 투자처가 주거용 부동산, 병원, 물류창고 등으로 세분화되면서 종류도 다양해졌습니다. 특히 데이터센터에 투자하는 리츠는 빅테크 또는 AI의 확장으로 수익성과 안정성 관점에서 주목받고 있습니다.

인프라 ETF에는 고속도로 통행료, 항만과 철도 등의 교통 인프라에 투자하고 배당을 받는 펀드와 전력 또는 통신 인프라 등에 투자하는 펀드가 있는데, 종류가 다양해지면서 리츠와의 구분이 모호해지고 있습니다.

리츠와 인프라 ETF에 투자할 때 주의할 점은 단순히 높은 배당수익

3-16 리츠 인프라 ETF

구분	ETF명	코드	구분	ETF명	코드
국내	히어로즈 리츠이지스 액티브	429870	해외	히어로즈 글로벌리츠이지스액티브	437550
	TIGER 리츠부동산 인프라	329200		ACE 미국다우존스리츠 (합성 H)	181480
	PLUS K리츠	429740		KODEX 미국부동산리츠(H)	352560
	WOORI 한국부동산 TOP3플러스	480460		TIGER 미국MSCI리츠 (합성 H)	182480
	KODEX 한국부동산리츠인프라	476800		RISE 글로벌데이터센터리츠 (합성)	375270
일본	KODEX 일본부동산리츠(H)	352540	싱가포르	ACE 싱가포르리츠	316300

자료: 한국거래소

률만 보고 선택해선 안 된다는 것입니다. 리츠와 인프라 투자 상품 모두 부동산, 특히 산업용 부동산과 관련이 깊어 업황의 둔화를 피하기 어렵습니다. 아무리 배당수익률이 높더라도 가격이 하락하면 총수익률이 저조할 수밖에 없죠. 고배당주 ETF도 동일한 한계를 갖지만, 부동산 관련 ETF는 구성하는 종목들의 방향성이 상대적으로 매우 유사하다는 특징이 있습니다. 변동성이 더 클 수 있다는 의미입니다.

분배율이 높은 ETF

퇴직연금으로 ETF를 활용하는 투자자들이 증가하면서 월배당 상품의 선호가 높아지고 있습니다. 더구나 전통적인 채권의 이자와 주식의 배당 외에 콜옵션 매도라는 분배금의 또 다른 원천이 부각되면서 커버드콜 ETF가 연달아 출시돼 선택의 폭도 넓어졌습니다.

〈3-17〉과 〈3-18〉은 2023년과 2024년 1월부터 9월 13일까지의 분배금과 현재 가격을 기준으로 계산된 ETF 분배율(기간분배금÷현재가) 상위 20개 ETF입니다. 물론 분배율이 높다고 하여 투자 총수익률이 높은 것은 아닙니다. 총수익률은 ETF 가격이 반영된 가격수익률과 합해서 봐야 합니다. 다만 가격수익률은 시기에 따라 변하는 것이기 때문에 분배율만 기준으로 했습니다. 과거 어떤 ETF의 분배율이 상위를 차지하는지를 보면 앞으로의 투자에도 도움이 될 것입니다.

〈3-18〉의 2024년 분배율은 9월 13일까지의 분배금만으로 계산됐

3-17 2023년 분배금을 기준으로 계산된 분배율 상위 20 ETF

순서	코드	종목명	현재가 (원)	2023년 분배금(원)	분배율 (%)
1	441680	TIGER 미국나스닥100커버드콜(합성)	10,185	1,177	11.56
2	289480	TIGER 200커버드콜ATM	8,315	720	8.66
3	429740	PLUS K리츠	7,490	620	8.28
4	290080	RISE 200고배당커버드콜ATM	7,835	623	7.95
5	329200	TIGER 리츠부동산인프라	4,685	311	6.64
6	276970	KODEX 미국S&P500배당귀족커버드콜(합성 H)	8,750	540	6.17
7	245350	TIGER 유로스탁스배당30	12,220	750	6.14
8	441640	KODEX 미국배당프리미엄액티브	10,915	634	5.81
9	448880	ACE 24-12 은행채(AA-이상)액티브	105,610	6,000	5.68
10	352540	KODEX 일본부동산리츠(H)	11,495	626	5.45
11	279530	KODEX 고배당	10,320	554	5.37
12	104530	KOSEF 고배당	10,915	580	5.31
13	91220	TIGER 은행	8,745	460	5.26
14	458760	TIGER 미국배당다우존스타겟커버드콜2호	10,185	530	5.20
15	429870	히어로즈 리츠이지스액티브	7,895	410	5.19
16	210780	TIGER 코스피고배당	15,050	780	5.18
17	98560	TIGER 방송통신	6,835	345	5.05
18	341850	TIGER 리츠부동산인프라채권TR KIS	4,975	240	4.82
19	139270	TIGER 200 금융	8,510	410	4.82
20	161510	PLUS 고배당주	15,240	730	4.79

자료: search-etf.com, 한국예탁결제원, etfcheck.com

기 때문에 2023년 표와 단순히 비교하는 것은 적절치 않습니다. 비교를 하고자 한다면 2024년 표의 분배율에 ETF별로 연율화해볼 수는 있습니다. 다만, 2024년 중반에 상장된 ETF도 있기 때문에 표의 분배율에 12/8.5를 곱하여 단순 연율화하면 안 됩니다. 2023년과 2024년

순서	코드	종목명	현재가 (원)	2024년 분배금(원)	분배율 (%)
1	475080	KODEX 테슬라인컴프리미엄채권혼합액티브	9,340	849	9.09
2	441680	TIGER 미국나스닥100커버드콜(합성)	10,185	833	8.18
3	473330	SOL 미국30년국채커버드콜(합성)	10,255	799	7.79
4	458760	TIGER 미국배당다우존스타겟커버드콜2호	10,185	736	7.23
5	472830	RISE 미국30년국채커버드콜(합성)	10,000	679	6.79
6	475720	RISE 200위클리커버드콜	9,360	624	6.67
7	480040	ACE 미국반도체데일리타겟커버드콜(합성)	9,810	652	6.65
8	474220	TIGER 미국테크TOP10타겟커버드콜	11,745	775	6.60
9	161510	PLUS 고배당주	15,240	1,002	6.57
10	480020	ACE 미국빅테크7+데일리타겟커버드콜(합성)	10,430	663	6.36
11	480030	ACE 미국500데일리타겟커버드콜(합성)	9,965	613	6.15
12	476550	TIGER 미국30년국채프리미엄액티브(H)	9,955	611	6.14
13	289480	TIGER 200커버드콜ATM	8,315	502	6.04
14	352540	KODEX 일본부동산리츠(H)	11,495	640	5.57
15	290080	RISE 200고배당커버드콜ATM	7,835	431	5.50
16	441640	KODEX 미국배당프리미엄액티브	10,915	581	5.32
17	251590	PLUS 고배당저변동50	12,785	675	5.28
18	329200	TIGER 리츠부동산인프라	4,685	236	5.04
19	472150	TIGER 배당프리미엄액티브	10,350	518	5.00
20	460960	ACE 글로벌인컴TOP10 SOLACTIVE	10,635	521	4.90

자료: search-etf.com, 한국예탁결제원, etfcheck.com

분배율 상위 ETF를 살펴보면 커버드콜 전략이 적용된 ETF의 수가 증가했다는 사실을 알 수 있습니다. 콜옵션을 매도했기 때문에 단순 고배당 주식형보다 가격수익률의 상승이 제한적일 수는 있지만 상대적으로 높은 분배율을 기록하고 있는 것입니다.

커버드콜이란

- 미래에 특정 자산을 사거나 팔 수 있는 권리를 옵션(Option)이라고 합니다.
- 커버드콜은 주식(기초자산)을 매수하고 콜옵션을 매도하는 전략입니다.
- 매도한 옵션의 가격(프리미엄)을 받는 대신 기초자산 가격의 상승을 포기합니다.
- 옵션 프리미엄과 배당금 등의 재원을 매월 분배하는 ETF가 대부분입니다.
- 자산 가격 하락에는 노출되지만 프리미엄만큼 방어합니다.

미국 JEPI ETF

- JEPI: S&P500을 기초로 한 커버드콜 ETF
- JEPQ: 나스닥100을 기초로 한 커버드콜 ETF
- JEPI와 JEPQ는 콜옵션 매도 비중이 주식 순자산의 20% 미만으로 80% 이상이 주식 지수 상승에 열려 있습니다.

커버드콜 ETF의 진화

- 기초자산(주식 등) 가격의 상승에 참여하는 구조로 진화 중입니다.
- 콜옵션 매도를 순자산의 30% 또는 10%씩 부분 매도하는 방식을 취합니다
- 12% 또는 15%의 연간 목표(타겟) 프리미엄을 수취하도록 콜옵션 매도 비중을 조정하는 방식도 취합니다.
- 콜옵션 매도 주기가 짧아지고 있습니다.
  예) Monthly, Weekly, Daily

_____

_____

_____

ELS와 구조부터 다른 커버드콜 ETF

- 커버드콜 ETF는 주식시장에서 거래되는 유통 상품이지만 ELS는 증권회사가 발행하는 발행 상품입니다.
- 커버드콜에 사용되는 콜옵션과 기초자산인 주식 등도 거래소에서 거래되는 유통 상품입니다.
- ELS는 만기에 기초자산의 가격 조건에 따라 수익이 결정지만 커버드콜 ETF 는 시장에서 실시간 거래되며 결정됩니다.

배당주

- 배당주는 고배당과 배당성장으로 나눌 수 있습니다.
- 통신, 금융 업종이 전통적인 고배당주입니다.
- 미국의 대표 배당성장주 ETF는 'S&P500배당귀족' 지수를 추적하는 ETF입 니다.

리츠와 인프라

- 리츠(REITs)와 인프라 ETF는 부동산을 기초로 한 고배당 성격의 ETF입니다.
- 리츠는 대부분 오피스 빌딩을 기초자산으로 하지만 최근에는 병원, 물류창고, 데이터센터 등으로 확장되고 있습니다.
- 인프라는 고속도로 통행료, 항만과 철도 등과 같은 교통 인프라와 전력 또는 통신 인프라를 기초자산으로 합니다.
- 단순히 배당수익률이 높다고 최종 수익률이 높은 것은 아닙니다. 결국 부동산 업황에 영향을 받습니다.

금, 원자재
&
비트코인 ETF

상품(Commodity) 또는 원자재라고 불리는 금, 원유, 구리 그리고 비트코인 등의 암호화폐(Crypto Currency)는 그 자체로 현금을 창출하지는 않습니다. 전통 자산인 주식, 채권, 부동산과 가장 큰 차이가 바로 이것이죠. 주식은 배당, 채권은 이자, 부동산은 임대료라고 하는 현금흐름을 제공하지만 원자재는 그 자체로는 아무런 현금흐름이 없고 귀금속으로서의 가치를 지니거나 에너지 생산을 위한 원료로 사용될 뿐입니다. 그러므로 수요와 공급의 전망에 따라 가격의 변동성이 크게 나타납니다.

게다가 비트코인과 같은 암호화폐는 다른 산업의 원료로 사용되지도 않습니다. 기존 법정통화의 기능을 일부 대체할 수 있다는 기대(예를 들면 국제 송금을 할 때 기존 결제 시스템보다 효율적일 수 있다는 기대) 또는 소프트웨어 프로그램과 연계할 수 있어 금융 계약 등의 사회 체계에 녹아들 수 있다는 기대가 있을 뿐입니다(물론 기대가 현실이 될 수도 있습니다).

그럼에도 원자재는 전통 자산이 제공하지 못했던 역할을 하는 대체 자산이 될 수 있습니다. 금은 안전자산 역할을 하며 중앙은행들의 매입 대상이기도 합니다. 원유는 여전히 없어서는 안 될 에너지 원료이며, 리튬은 전기차 배터리의 원료가 되고, 우라늄은 원자력 발전에 쓰입니다. IT기기의 쌀과 같은 역할을 하는 구리는 '닥터 코퍼(Dr. Copper)'라는 별명에 걸맞게 산업 활동의 바로미터로 대접받습니다. 최근에는 데이터 센터와 반도체 등의 수요가 증가함에 따라 AI 수혜 자산으로 주목받기도 했습니다.

선물과 현물, 어떻게 다를까?

원자재에 투자하는 방법에는 현물과 선물 두 가지가 있습니다. 현물은 일반적으로 생각하는 상품 자체를 의미하며, 선물은 앞에서 살펴본 옵션과 함께 대표적인 파생상품입니다. 다행히 옵션보다 이해하기는 쉽습니다. 먼저 선물의 기초 개념이 되는 선도거래를 설명하겠습니다. 선도거래 또는 선도계약이란 미래 특정일에 미리 정해진 가격으로 물건을 사거나 팔기로 하는 계약을 말합니다. 매수자와 매도자 모두 의무를 집니다.

예를 들어 현재 가격이 10,000원인 기초자산 A가 있다고 해봅시다. 이번에도 우주와 하늘이가 거래에 참여합니다. 우주는 3개월 후 A의 가격이 상승할 것으로 예상하고, 하늘이는 하락할 것으로 예상합니다. 현재 거래되는 3개월 만기의 A 선도계약 가격은 무위험 이자율이 반영되어 10,250원입니다. 우주는 10,250원의 A 선도 매수계약을 하고, 하늘이는 선도 매도계약을 합니다. 3개월 후 A의 가격이 11,000원이 됐다고 해봅시다. 그러면 우주는 10,250원에 매수하여 시장에 매도함으로써 750원의 이익을 얻습니다. 하늘이는 시장에서 11,000원에 매수하여 우주에게 10,250원에 매도해야 하므로 750원의 손실을 봅니다.

선물은 선도계약이 실시간으로 시스템화됐다고 이해하면 됩니다. 선물시장에서는 현물 가격의 변화에 따라 선물 가격도 실시간으로 변화하며 이익과 손실이 계산됩니다. 선물이 필요한 이유는 원자재 가격을 추적할 때 현물을 실제 사고판다면 보유하는 동안 보관을 해야 하는 등 여러 가지 번거로움이 있기 때문입니다. 그래서 일반적으로 원자재 선물을 매수하여 가격을 추적하는 방법을 사용합니다.

〈4-1〉에서 보듯이 선물 가격은 만기가 가까울수록 현물 가격에 수렴하게 됩니다. 만기가 되면 현재의 현물 가격은 최초 투자 시점의 선물 가격이 되기 때문입니다. 만기가 되면 다음 만기가 도래하는 선물로 교체해야 하는데, 이런 과정을 '롤오버'라고 합니다. 하지만 대부분

4-1 현물 가격과 선물 가격의 움직임

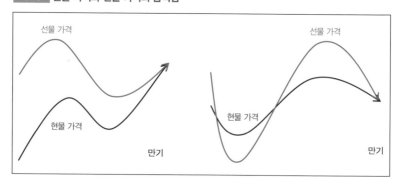

ETF 투자 7일 완성

의 선물 가격은 미래에 대한 기대로 현물 가격보다 높게 형성됩니다. 현물 가격에 수렴한 선물을 현물 가격보다 높게 형성된 다음 만기 선물로 교체하면 손실이 발생하는데, 이런 손실을 '롤오버 비용'이라고 합니다.

결론은 선물보다 현물 투자가 더 효율적이라는 것입니다. 따라서 환헤지 등 다른 조건이 동일할 때 원자재에 투자한다면, 선물보다는 현물에 투자하는 상품 또는 ETF를 선택하는 것이 합리적입니다. 다만, 앞서 설명했듯이 현물은 보관이 필요하고 관리가 어려워 ETF로 상장되어 있지 않은 경우가 있습니다.

02

위기에 강한
골드 ETF

★ 제2차 세계대전 이후 각
국의 통화 가치 안정 등
을 위해 고정환율제와
금본위제도 등을 합의
한 국제 금융 시스템.

1970년대는 혼돈의 시기였습니다. 4차 중동전쟁
과 1차와 2차 오일쇼크로 인플레이션이 극심해졌
습니다. 1940년대에 시작된 달러화 중심의 브레턴
우즈 체제(Bretton Woods System)★도 역할에 한계
를 드러냈고, 결국 1971년 해체됐습니다.

역사는 반복된다는 말이 있습니다. 트럼프 1차 집권 시기부터 시작
된 미국과 중국 간 무역 갈등은 미국의 IRA(인플레이션감축법안), 유럽
의 CRMA(핵심원자재법) 등의 보호무역으로 진화하고 있습니다. 자유무
역을 기반으로 하는 세계무역기구(WTO)는 사실상 유명무실한 체제가
되어버렸습니다. 여기에 우크라이나와 러시아 그리고 이스라엘과 중
동의 분쟁과 같은 국가 간 갈등이 끊이지 않고 있으며, 중국과 대만 간
에도 충돌의 징후가 엿보입니다.

이른바 '세계화'로 대변되는 자유무역은 노동 비용의 감소와 자본의 이동으로 인플레이션을 억제하는 동시에 경제 성장을 이루어냈습니다. 보호무역은 반대의 결과를 가져올 것입니다. 인플레이션의 단기적 등락은 있겠지만 분열과 유동성 등의 물가 상승 요인은 구조적인 위험이라고 볼 수 있습니다.

1970년대 자산의 흐름을 보면 금에 대한 생각을 다시 해보게 됩니다. 1965년부터 1981년까지 17년간 금리가 상승하던 시기에 S&P500 지수는 횡보를 이어갔습니다. 하지만 같은 기간 금 가격은 1980년까지 급등하는 모습을 보여주었습니다. 달러화에 대한 의구심과 인플레이션 그리고 글로벌 불확실성에 대한 헤지 수요였습니다.

19세기부터 20세기 금본위제도라는 명칭으로 화폐의 기준이었던 금은 여전히 중앙은행의 주요 자산입니다. 실제로 2010년 이후 세계

4-2 1965~1981년 자산 가격 추이

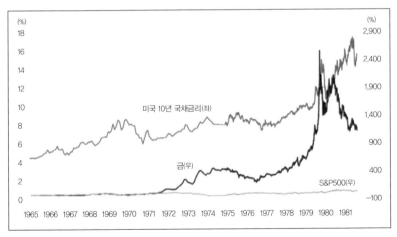

자료: 블룸버그

금에 투자하는 국내 상장 ETF

ETF명	코드	1년수익률	성격	기초지수
KODEX 골드선물(H)	132030	25.68%	선물	S&P GSCI Gold Index(TR)
TIGER 골드선물(H)	319640	25.05%		
ACE KRX금현물	411060	31.94%	현물	KRX 금현물지수

자료: 한국거래소

중앙은행은 매년 금을 순매수했고, 2023년만 해도 3분기까지의 매수량이 전년 동기 대비 14% 증가해 같은 기간 기준 사상 최대 규모였습니다.

금에 투자하는 국내 상장 ETF는 인버스와 레버리지를 제외하면 선물에 투자하는 'KODEX 골드선물(H)'와 'TIGER 골드선물(H)' 두 가지가 있습니다(〈4-3〉 참조). 그리고 금 현물에 투자하는 'ACE KRX금현물' ETF가 상장되어 있습니다. 2024년 8월 23일 기준으로 1년 성과를 보면 ACE가 31.94%로 선물에 투자하는 TIGER와 KODEX 대비 5%p 정도 높습니다. 앞에서 설명한, 선물로 투자했을 경우 발생하는 롤오버 비용이 반영된 결과로 볼 수 있습니다.

03

원유, 팔라듐, 구리, 농산물

원자재를 기초자산으로 하는 국내 상장 ETF로는 원유[특히 서부 텍사스 중질유(West Texas Intermediate, WTI)] 선물 ETF와 구리·팔라듐·농산물 ETF가 있습니다. 원자재별로 수요처가 달라 가격 사이클에 차이가 있지만 일반적으로 표시통화인 달러화에 반비례한다는 점은 동일합니다. 달러화가 강세를 보이면 표시통화가 강세이기 때문에 원자재 가격은 상대적으로 하락하게 됩니다. 물론 달러화 강세의 이유가 긴축적 통화정책으로 인한 상대적 강세가 아닌 경기 회복으로 인한 강세라면, 산업용 원자재는 표시통화의 강세에도 불구하고 상승할 수도 있습니다.

먼저 원유에 투자하는 ETF는 'KODEX WTI원유선물(H)'와 'TIGER 원유선물Enhanced(H)' 2개가 상장되어 있습니다(〈4-4〉 참조). 원유는 여전히 산업과 운송의 주요 에너지원으로 실제 수요와 공급에 큰 변동은 없습니다. 다만 수요와 공급의 작은 변화에도 민감하

원자재	ETF명	코드	기초지수
원유	KODEX WTI원유선물(H)	261220	S&P GSCI Crude Oil Index ER
	TIGER 원유선물Enhanced(H)	130680	S&P GSCI Crude Oil Enhanced Index ER
팔라듐	RISE 팔라듐선물(H)	334690	S&P GSCI Palladium Excess Return Index
구리	TIGER 구리실물	160580	S&P GSCI Cash Copper Index
	KODEX 구리선물(H)	138910	S&P GSCI North American Copper Index(TR)
농산물	KODEX 콩선물(H)	138920	S&P GSCI Soybeans Index(TR)
	TIGER 농산물선물Enhanced(H)	137610	S&P GSCI Agriculture Enhanced Index(ER)
	KODEX 3대농산물선물(H)	271060	S&P GSCI Grains Select Index ER

자료: 한국거래소(인버스, 레버리지 제외)

게 반응하는 경향이 있습니다.

팔라듐 ETF도 상장되어 있습니다. 'RISE 팔라듐선물(H)'입니다. 팔라듐은 백금과 함께 백금 계열 금속(platinum group metal)에 해당합니다. 두 금속 모두 자동차 매연 저감장치에서 사용되는데 백금은 경유 차량, 팔라듐은 휘발유 차량에 주로 쓰입니다. 2015년 폭스바겐 디젤 자동차 배기가스 조작 사건 이후로 주목받았던 금속입니다. 당시 디젤(경유) 차량 기피 현상 때문에 휘발유 차량으로 수요가 몰리면서 휘발유 자동차의 매연 저감장치 원료인 팔라듐이 급등했죠. 이후 전기자동차로 수요가 변화하며 내연기관(경유 또는 휘발유를 원료로 하는 엔진) 자동차 판매가 둔화될 것이라는 우려로 다시 하락했습니다. 하지만 2023년 하반기부터 전기자동차 수요가 예상보다 부진하다는 평가가 나오고 있습니다. 만약 전기자동차 수요 둔화가 단기 이슈가 아니라 장기적으로도 제한적인 수요에 그칠 것이라는 전망이 지배하게 된다면 내연기관 자동차의 매연 저감장치 원료인 팔라듐과 백금 관련 ETF로 전략적인 매매를 실행할 수 있을 것입니다.

구리는 전형적인 산업용 원자재입니다. 특히 전자기기의 원재료로 IT 수요의 사이클에 민감합니다. 앞서 언급한 것처럼, 미국 빅테크 기업들의 데이터센터 확장으로 AI 성장의 수혜 금속으로 주목을 받기도 했습니다. ETF에는 'TIGER 구리실물'과 'KODEX 구리선물(H)'가 있습니다.

농산물 ETF로는 'KODEX 콩선물(H)', 'TIGER 농산물선물 Enhanced(H)', 'KODEX 3대농산물선물(H) 세 가지가 상장되어 있습니다. 'KODEX 콩선물(H)'는 시카고상품선물거래소에 상장되어 있는 콩선물을 추적하는 ETF로 기상이변 등으로 인한 생산량 감소와 신흥국의 수요 증가를 투자 포인트로 한 상품입니다. 'TIGER 농산물선물Enhanced(H)'와 'KODEX 3대농산물선물(H)'는 옥수수, 대두(콩), 밀 등 대표 농산물에 분산투자 하는 상품입니다.

04

비트코인 & 이더리움
현물 ETF

디지털화폐(Digital Currency) 또는 암호화폐에 대한 논란은 여전합니
다. 그럼에도 미국에서는 비트코인과 이더리움 현물 ETF가 2024년
1월과 7월 상장됐습니다. 신물 ETF는 이전에 이미 상장되어 있었지만,
시장은 현물 ETF의 상장에 관심을 보였습니다. 앞에서 이야기한 롤오
버 비용이 없어 효율적이라는 점은 물론이고, 현물 ETF는 기관 또는
기업에서 회계처리와 세금 문제를 해결할 수 있어 접근이 용이하기 때
문입니다. 실제로 2023년 하반기부터 현물 ETF 승인 기대감으로 상승
했습니다. 2024년 비트코인 반감기★가 도래하면서 등락은 있었지만,

2024년 8월 현재 여전히 과거 대비 높은 가격 수
준에서 거래되고 있습니다.

★ 21만 개의 블록이 생성
될 때마다 발생하는데,
비트코인의 희소성을
유지하기 위해 설계된
메커니즘임.

비트코인은 새로운 거래가 일어나면 네트워크에
서 채굴자들이 거래를 검증하며 블록(block)을 형

성하는데 이 과정에서 새로운 비트코인이 보상으로 주어집니다. 반감기란 보상으로 주어지는 비트코인이 절반으로 감소하는 이벤트를 말합니다. 반감기는 약 4년마다 도래하는데 공급이 줄어들기 때문에 가격 상승에 대한 기대가 있었습니다. 하지만 2024년 반감기는 가격에 추가적인 영향을 미치지 못했습니다.

우리나라에는 암호화폐 ETF가 상장되어 있지 않습니다. 아직 투자자산으로서 법적 지위를 인정받지 못했기 때문입니다. 자본시장법의 개정이 필요하며, 국회의원이 발의하고 국회를 통과해야 합니다. 암호화폐 현물 ETF를 매수하려면 미국에 상장된 ETF를 활용해야 합니다.

미국에 상장된 현물 비트코인 ETF로는 IBIT(iShares Bitcoin Trust)와 FBTC(Fidelity Wise Origin Bitcoin Fund) 등이 있으며, 현물 이더리움 ETF로는 ETHE(Grayscale Ethereum Trust)와 ETHA(iShares Ethereum Trust)가 있습니다(단, 법 해석에 대한 금융 당국의 지도로 2024년 현재 국내 증권사에서 해당 현물ETF의 거래는 안 될 수 있습니다).

DAY 4

돈 되는 스토리를 품은 ETF

워런 버핏처럼 투자하기

가치 투자의 현인 워런 버핏의 자산 규모는 약 156조 원에 달한다고 알려져 있습니다. 2023년 기준 세계 다섯 번째 부자입니다. 하지만 그는 1958년 미국 네브래스카주 오마하시 외곽에 구입한 이층집에 여전히 살고 있습니다. 워런 버핏의 캐딜락 자동차는 생산이 중단된 구형 모델입니다. 구형 폴더 갤럭시 폰을 사용하던 애플의 대주주 워런 버핏은 2020년이 돼서야 팀 쿡(Tim Cook) 애플 CEO에게 아이폰11을 선물 받아 휴대전화를 교체했다고 합니다. 그리고 여전히 맥도날드 모닝세트를 즐긴다고 하죠. 기부를 생활의 한 부분으로 실천하며 본인의 성공에 대해서는 1900년대에 미국에서 태어난 환경이 행운이었다고 이야기합니다. 부럽기도 하고 배울 것도 많은 워런 버핏입니다.

상품 정보		상위 5종목		
순자산	252억 원	번호	종목명	비중(%)
총보수	0.01%	1	Berkshire Hathaway Inc	27.88
기간수익률(%)		2	Apple Inc	23.82
3개월	2.51	3	Bank of America Corp	11.23
6개월	15.13	4	American Express Co	10.53
1년	-	5	Coca-Cola Co	7.45

자료: KB자산운용 RISE ETF 홈페이지(기준일: 2024.9.13)

하지만 투자 포트폴리오는 쉽게 따라 할 수 있습니다. 워런 버핏이 경영하는 버크셔해서웨이에 공시된 포트폴리오를 추적하는 ETF가 국내에 상장되어 있기 때문입니다(〈4-5〉 참조). 단, 장기 투자가 필수일 것 같습니다. 버핏과 버크셔의 투자 철학 자체가 장기 가치 투자니까요.

K-POP에 투자하기

'서태지와 아이들', '보아'를 거쳐 발전해온 K-POP이 이제 글로벌 시장에서 인정받는 문화가 됐습니다. 하지만 K-POP을 대표하는 기획사 모두 어려움을 겪고 있습니다.

하이브는 BTS 멤버들의 입대 이후 '멀티 레이블'이라는 복수의 독립 프로듀싱 체제를 잘 유지하는가 싶었는데 걸그룹 뉴진스 프로듀서 민희진 대표와의 갈등으로 성장에 의문이 생겨버렸습니다. 그리고 방시혁 의장의 개인적인 이야기들로 바람 잘 날이 없는 것 같습니다. 에

DAY 4

상품 정보		상위 5종목		
순자산	184억 원	번호	종목명	비중(%)
총보수	0.30%	1	하이브	27.04
기간수익률(%)		2	JYP Ent.	25.47
3개월	-21.80	3	에스엠	22.60
6개월	-25.99	4	와이지엔터테인먼트	19.96
1년	-	5	큐브엔터	1.04

자료: 한국투자신탁운용 ACE ETF 홈페이지(기준일: 2024.9.13)

스엠도 이수만 전 총괄 프로듀서가 떠나고 주주분쟁과 시세조종 이슈 등으로 시끄러웠습니다. YG는 블랙핑크 재계약 시기가 오면 다양한 가능성이 미디어를 도배합니다. 성장통인지 정점을 이미 지나버린 것인지는 알 수 없습니다.

그런 가운데 2024년 6월 BTS 멤버 뷔가 제대했습니다. 육군 복무기간이 18개월이니 2025년이면 멤버 대부분이 제대할 것으로 보입니다. BTS가 완전체로 다시 전과 같은 인기를 유지할지는 알 수 없습니다. 하지만 글로벌 K-POP 문화가 이대로 사라져버린다고 단정할 수도 없습니다. 관련 ETF의 가격과 K-POP 산업의 흐름을 관심 있게 지켜볼 필요는 있다는 생각입니다(〈4-6〉 참조).

반려동물 ETF

농림축산식품부 자료에 따르면, 2022년 기준 우리나라 반려견은 540

ProShares Pet Care ETF(PAWZ)

상품 정보		상위 5종목		
순자산	70.4백만 달러	번호	종목명	비중(%)
총보수	0.50%	1	Chewy, Inc.	11.81
기간수익률(%)		2	Freshpet Inc	9.99
3개월	10.40	3	IDEXX Laboratories, Inc.	9.35
연초 이후	12.99	4	Zoetis, Inc.	9.35
1년	27.43	5	Pets At Home Group Plc	7.12

자료: etfdb.com, Proshares.com(기준일: 2024.9.13)

DAY 4

만 마리이고 반려묘는 254만 마리입니다. 등록되지 않은 반려동물까지 생각하면 1,000만 마리가 될 수도 있습니다. 공원에 산책하러 나가면 체감할 수 있지 않은가요? 미국도 다르지 않습니다. 열 가정 중 일곱 가정이 반려동물과 함께 살아간다고 합니다. '애완동물'이 아니라 '반려동물'이 된 시대입니다.

반려동물과 관련된 산업도 세분화, 고급화되고 있습니다. 프리미엄 사료와 보험 그리고 여행 갈 때 맡아서 돌봐주는 호텔 등 다양합니다. 반려동물 산업의 특징은 다른 산업과 관련이 적고 경기가 안 좋아져도 크게 영향을 받지 않는다는 것입니다.

미국에 상장된 반려동물 ETF를 〈4-7〉에 정리했습니다.

선물과 현물

- 선물(Futures)은 특정 자산을 미래에 정해진 가격으로 사거나 팔기로 한 거래입니다.
- 선물은 만기마다 다음 만기의 선물로 바꿔주어야 합니다. 이를 롤오버(Roll over)라고 합니다.
- 금, 원유 등 대부분의 원자재는 선물지수를 추적합니다.
- 선물은 만기 롤오버 때 비용이 발생하므로 현물 가격을 추적하는 ETF를 선택할 수 있다면 현물을 선택하세요.

골드와 원자재

- 불확실성 헤지 자산으로 골드에 관심을 기울이세요.
- 원자재는 달러와 반비례 성격이 있습니다.
- 원자재의 가격은 변동성이 상대적으로 큽니다.

비트코인

- 비트코인과 이더리움 ETF는 미국에 상장되어 있습니다.
- 우리나라에서 비트코인 ETF가 상장되려면 자본시장법 개정이 필요합니다.

한국에서 비트코인 ETF 상장이 안 되는 이유

자본시장과 금융투자업에 관한 법률 (약칭 : 자본시장법)

[시행 2024. 8. 14.] [법률 제20305호, 2024. 2. 13., 일부개정]

제4조(증권)

⑩ 이 법에서 "기초자산"이란 다음 각 호의 어느 하나에 해당하는 것을 말한다.

1. 금융투자상품

2. 통화(외국의 통화를 포함한다)

3. 일반상품(농산물 · 축산물 · 수산물 · 임산물 · 광산물 · 에너지에 속하는 물품 및 이 물품을 원료로 하여 제조하거나 가공한 물품, 그 밖에 이와 유사한 것을 말한다)

4. 신용위험(당사자 또는 제삼자의 신용등급의 변동, 파산 또는 채무재조정 등으로 인한 신용의 변동을 말한다)

5. 그 밖에 자연적 · 환경적 · 경제적 현상 등에 속하는 위험으로서 합리적이고 적정한 방법에 의하여 가격 · 이자율 · 지표 · 단위의 산출이나 평가가 가능한 것

- 자본시장법 4조 10항에서 증권의 기초자산으로 비트코인 등의 암호화폐가 정의되어 있지 않습니다.
- 법 개정은 국회 의결이 필요합니다.

가상자산 이용자 보호 등에 관한 법률 (약칭 : 가상자산이용자보호법)

[시행 2024. 7. 19.] [법률 제20372호, 2024. 3. 12., 타법개정]

제10조(불공정거래행위 등 금지)

③ 시세를 변동 또는 고정시키는 매매 또는 그 위탁이나 수탁을 하는 행위를 하여서는 아니 된다.

- 가상자산 이용자 보호법 10조 3항의 시세와 관련된 규정으로 인해 ETF 유동성 공급자의 역할이 제한될 수 있습니다.

국가별 지수 ETF

뉴스에서 '오늘 코스피는 몇 %p 상승한 얼마로 마감했습니다'라거나 '미국 3대 지수는 상승 마감했습니다'라고 하는 앵커 멘트를 한 번쯤은 들어봤을 것입니다. 코스피지수는 어떻게 산출될까요? 그리고 미국 3대 지수는 무얼 말하는 걸까요?

나라마다 대표적인 지수가 있는데요. 지수가 개별 종목의 상승과 하락을 직접적으로 반영하는 건 아니지만, 전반적인 흐름을 보여주기 때문에 아주 중요합니다. 우리나라를 필두로 미국, 일본, 인도 시장의 대표지수와 관련 ETF를 살펴보겠습니다.

01
한국 코스피와
코스닥

코스피(KOSPI)는 '한국종합주가지수(Korea Composite Stock Price Index)'의 약자로, 유가증권시장에 상장된 종목들을 시가총액 가중으로 산출하는 대한민국 대표 주가지수입니다. 2024년 7월 31일 코스피는 2770.69포인트로 마감됐는데 1980년 1월 4일을 기준 시점으로 100포인트에서 출발해 현재에 이르렀습니다. 24년 동안 약 27배 상승한 것입니다. 구성 종목 839개 기업의 시가총액 합계는 약 2,269조 원입니다. 엄청난 숫자라고 생각할 수도 있지만 미국에 상장된 애플 한 종목의 시가총액이 약 4,700조 원(약 3조 4,000억 달러)임을 고려하면 왜 '코리아 디스카운트(Korea Discount)', 즉 '한국 증시 저평가'라는 이슈가 끊이지 않는지 알 수 있을 것입니다.

코스피200은 한국거래소에서 시가총액 등 대표성을 고려하여 선정한 200종목으로 구성된 지수입니다. 코스피200은 ETF로 상품화하기

코스피		코스피200		코스피		코스피200	
산업 구분	비중(%)	산업 구분	비중(%)	회사명	비중(%)	회사명	비중(%)
전기전자	38.82	전기전자	45.57	삼성전자	22.47	삼성전자	31.02
금융업	15.49	금융업	15.81	SK하이닉스	5.96	SK하이닉스	8.02
운수장비	9.26	운수장비	9.3	LG에너지솔루션	3.72	현대차	2.79
서비스업	7.6	서비스업	6.4	삼성바이오로직스	3.07	KB금융	2.36
의약품	6.62	화학	5.34	현대차	2.42	셀트리온	2.33
화학	6.26	의약품	4.57	기아	2.03	기아	2.19
유통업	3.23	철강금속	2.82	셀트리온	1.99	신한지주	2.07
철강금속	2.69	유통업	2.32	KB금융	1.59	POSCO홀딩스	1.99
기계	2.37	기계	1.86	POSCO홀딩스	1.43	NAVER	1.89
기타	7.66	기타	6.01	신한지주	1.38	삼성SDI	1.43

자료: 한국거래소(기준일: 2024.8.2)

쉬운 대형주가 많이 포함되어 있습니다. 중소형주보다는 대형주를 활용한 ETF가 대표성이 있고, 마케팅도 용이하기 때문에 코스피200 지수를 추종하는 ETF가 코스피를 추종하는 ETF보다 많습니다.

종목 구성을 보면 코스피는 삼성전자가 22.47%, SK하이닉스가 5.96%를 차지합니다(⟨5-1⟩ 참조). 그에 비해 코스피200은 보다 압축되어 있어 삼성전자가 31.02%, SK하이닉스가 8.02%로 반도체를 제조하는 두 기업이 전체 지수에서 차지하는 비중이 40%에 가깝습니다. 현재의 종목 구성이 유지된다면 결국 한국의 주식시장은 메모리 반도체 업황에 달려 있다고 해도 과언이 아닐 겁니다.

⟨5-2⟩에 정리된 ETF를 보면 명칭에 'TR'이라는 영문 약자가 포함

ETF명	코드	성격	ETF명	코드	성격
KODEX 코스피	226490	가격지수	KODEX 200	069500	가격지수
PLUS 코스피TR	328370	총수익률	KODEX 200TR	278530	총수익률
TIGER 코스피	277630	가격지수	TIGER 200선물레버리지	267770	레버리지
RISE 코스피	302450	가격지수	RISE 200선물인버스	252410	인버스
KODEX 코스피TR	359210	총수익률	TIGER 200커버드콜ATM	289480	커버드콜

자료: 한국거래소, 〈한국경제신문〉

된 상품들이 있습니다. 'TR'은 총수익률을 의미하며, 배당 등 보유 기간에 받는 금액을 분배금으로 지급하지 않고 바로 기초 포트폴리오에 재투자하는 지수입니다. 일반적인 구성 종목들의 가격으로만 산출되는 지수를 '가격지수를 추종하는 ETF'라고 하는데, 이런 ETF는 보유 기간에 받은 배당금을 일정 기간마다 분배금으로 투자자에게 지급하여 기초지수와의 차이를 제거합니다. 가격지수로 산출되는 기초지수는 배당금을 반영하지 않기 때문에 받은 배당금을 분배금으로 지급하지 않으면 ETF NAV(순자산)와 기초지수 사이에 차이가 발생하기 때문입니다. ETF 가격만 놓고 보면 배당금을 재투자하는 TR ETF가 당연히 좋을 수밖에 없지만, 지급한 분배금을 함께 생각하면 고객에게 수익을 돌려주는 형태에서 차이가 있을 뿐임을 알게 될 것입니다.

코스피지수에는 옵션이나 선물 같은 파생상품이 없고 코스피200지수를 기초자산으로 하는 파생상품만 상장되어 있습니다. 그래서 코스피200을 기초로 하는 ETF는 다양한 구조의 상품 설계가 가능합니다. 예를 들면 선물을 매수하여 기초가 되는 지수(코스피200) 등락률의 2배를 추종하는 레버리지 ETF, 선물을 매도하여 기초지수가 하락하면 반대로 상승하는 인버스 ETF, 콜옵션을 매도하여 인컴을 수취하는 커버드콜 등의 상품을 만들 수 있습니다.

한국 주식시장의 또 다른 대표지수는 코스닥(KOSDAQ)입니다. 기술 성장 기업 중심의 시장인데, 기술특례로 상장해 재무상태가 비교적 우량하지 못한 기업들이 적지 않습니다. 코스피만큼의 신뢰도를 받지 못하고 있기 때문에 코스닥에 있던 대형 기업들이 코스피로 이전하기도 합니다. 코스닥지수는 1996년 7월 1일을 기준 시점으로 1000포인트부터 출발해 1997년 1월 3일부터 발표했으며, 2024년 7월 31일 813.53포인트로 마감했습니다. 오히려 기준 시점보다 하락한 것인데요. 27배 성장한 코스피와 비교할 때 코스닥시장의 구조 변화가 필요하다는 생각이 듭니다.

코스닥 지수는 1,719종목으로 구성되어 있고 시가총액이 작은 종목들도 많습니다. 그래서 한국거래소에서는 대표 종목 150개를 선정하여 코스닥150지수를 발표하고 있습니다. ETF는 코스닥150지수를 기초지수로 한 상품들만 상장되어 있고(〈5-3〉 참조) 코스닥지수를 추종하는 ETF는 없습니다. 코스닥150지수의 업종은 제약 22.28%, 전기전자 19.51% 순으로 구성되어 있으며 비중 상위 종목은 제약 업종의 알테

5-3 코스닥150 ETF

ETF명	코드	성격	ETF명	코드	성격
SOL 코스닥150	450910	가격지수	KODEX 코스닥150레버리지	233740	레버리지
RISE 코스닥150	270810	가격지수	KODEX 코스닥150선물인버스	251340	인버스

오젠 9.81%, HLB 7.68% 그리고 이차전지 소재를 제조하는 에코프로 7.20% 순입니다.

02

미국 S&P500과 나스닥

아침 뉴스를 보거나 듣는 사람들은 '미국 3대 지수'에 익숙할 것입니다. 바로 S&P500, 나스닥, 다우존스입니다. S&P500은 'S&P글로벌'이라는 기업에서 발표하는 미국 대형주 시수입니다. 과거에 이 기업은 '스탠더드앤드푸어스'라는 신용평가기관으로 세계적 명성을 누렸으며, 현재는 신용평가 사업과 지수 그리고 데이터 사업을 영위하고 있습니다.

다우존스의 정식 명칭은 다우존스산업평균(Dow Jones Industrial Average)입니다. 미국 산업을 대표하는 30종목으로 구성된 지수입니다. 다우존스는 〈월스트리트저널〉의 모기업인데 지수 사업부문을 2012년에 S&P글로벌에 매각하여 현재는 S&P글로벌의 S&P다우존스인디시즈(S&P Dow Jones Indices)라는 지수 사업부문에서 S&P와 다우존스 두 가지 지수를 모두 공급하고 있습니다. 지금은 지분 구조가

많이 변경됐지만, 영국 〈파이낸셜타임스(Financial Times)〉의 FTSE지수
와 일본 〈니혼게이자이 신문〉의 닛케이225(Nikkei225)지수 등 글로벌
대표지수의 시작이 경제신문사였다는 점을 생각하면 〈한국경제신문〉
의 KEDI(Korea Economic Daily Index)도 같은 흐름으로 이해할 수 있습
니다.

나스닥지수는 나스닥거래소에서 발표하는 지수이며 주로 기술 성
장주 중심으로 구성되어 있습니다. 하지만 ETF는 나스닥 대표 100종
목으로 구성된 나스닥100지수를 추종하는 상품이 많습니다.

S&P500과 나스닥100은 종목별 시가총액으로 가중하여 산출한 지
수인 데 비해 다우존스지수는 가격을 기준으로 가중하여 산출합니다.
예를 들면 애플의 가격이 219.8달러이고 유나이티드헬스케어(United

DAY 5

5-4 미국 대표지수 업종 구성			(단위: %)
업종	다우존스	S&P500	나스닥100
IT	23.4	31.4	61.5
금융	18.8	13.1	-
헬스케어	19.0	11.9	6.1
경기소비재	14.4	10.0	17.5
커뮤니케이션	2.2	8.9	4.0
산업재	14.0	8.4	4.1
필수소비재	4.8	5.8	3.3
에너지	2.6	3.7	0.5
유틸리티	-	2.4	1.2
부동산	-	2.3	0.2
소재	0.9	2.2	1.7

자료: S&P글로벌, 나스닥 2024년 6월 말 지수별 Factsheet

다우존스		S&P500		나스닥100	
유나이티드헬스케어	9.3	애플	6.9	애플	9.0
골드만삭스	8.1	마이크로소프트	6.8	마이크로소프트	8.2
마이크로소프트	6.8	엔비디아	5.9	엔비디아	7.6
홈디포	5.8	아마존	3.7	아마존	5.1
암젠	5.5	메타	2.4	브로드컴	5.1
캐터필러	5.4	알파벳(구글)	2.2	메타	4.4
맥도날드	4.4	버크셔해서웨이	1.7	테슬라	3.0
비자	4.3	일라이릴리	1.5	알파벳(구글)	2.7
세일즈포스	4.1	브로드컴	1.4	코스트코	2.5
아메리칸익스프레스	4.0	테슬라	1.3	넷플릭스	1.9

자료: www.slickcharts.com(기준일: 2024.8.2)

Health Care)의 가격이 589.83일 때 다우존스지수는 유나이티드헬스케어의 비중이 9.3%로 애플 3.64%보다 큽니다. 그러나 S&P500지수에서는 발행된 주식의 수를 곱한 시가총액이 애플 3조 3,700억 달러이고 유나이티드헬스케어 시가총액이 5,430억 달러이므로 애플은 6.9%의 비중이고, 유나이티드헬스케어는 1.15%입니다. 다우존스와 S&P500은 대표 종목들과 업종 구성의 비중이 많이 다르다는 얘기입니다(〈5-4〉 참조). 나스닥100지수는 기술 성장 기업 중심이기 때문에 IT 업종 비중이 61.5%로 압도적입니다.

　ETF 투자 전략은 지수의 구성을 보고 판단하면 됩니다. IT 성장주는 나스닥100이고, 배당주의 비중은 다우존스가 크며, 균형 있는 대표 지수는 S&P500이라고 생각하면 무리 없습니다.

S&P지수와 나스닥100을 추종하는 ETF는 대부분의 자산운용사가 상장했습니다. 종류별로만 살펴보면 단순 가격지수를 추종하는 ETF와 배당 재투자가 반영된 총수익률(TR) 그리고 원/달러 환율이 헤지(H) 되어 있는 상품이 있습니다. 옵션을 매도하는 커버드콜도 Monthly 콜 옵션을 매도하는 상품부터 Daily 콜옵션을 매도하는 초단기 상품까지 세분화되고 있습니다. 액티브 ETF 운용사인 타임폴리오가 발행한 TIMEFLIO ETF도 지수별로 상장되어 있습니다. 미국 주식시장의 상승을 예상한다면 가격지수·총수익률·액티브를 성격에 맞게 선택하면 되고, 현재 수준에서 작은 변동성으로 등락할 것이라고 예상되면 커버드콜, 환율이 하락할 것으로 생각될 때 환헤지 상품을 선택하면 됩니다.

〈5-6〉의 왼쪽은 S&P500지수를 기초자산으로 한 ETF이며, 오른쪽은 나스닥100지수를 기초로 한 ETF입니다. 앞서 설명한 ETF별 성격

5-6 미국 대표지수 ETF

기초자산: S&P500지수			기초자산: 나스닥100지수		
ETF명	코드	성격	ETF명	코드	성격
SOL 미국S&P500	433330	가격지수	SOL 미국나스닥100	476030	가격지수
KODEX 미국S&P500TR	379800	총수익률	KODEX 미국나스닥100TR	379810	총수익률
RISE 미국S&P500(H)	453330	환헤지	TIGER 미국나스닥100 커버드콜(합성)	441680	커버드콜
TIGER 미국S&P500 동일가중	488500	동일가중	TIGER 미국나스닥100 타겟데일리커버드콜	486290	커버드콜
TIGER 미국S&P500 타겟데일리커버드콜	482730	커버드콜	KODEX 미국나스닥100 레버리지(합성 H)	409820	레버리지
TIMEFOLIO 미국S&P500 액티브	426020	액티브	TIMEFOLIO 미국나스닥100 액티브	426030	액티브

DAY 5

국가별 지수 ETF | 195 |

들을 고려하여 선택하면 되는데요. 단순히 대표지수만 추종하고 싶다면 TR, (H), 프리미엄 등의 수식어가 없는 ETF를 고르면 됩니다. 단, 달러화에 노출됐다는 점은 확인이 필요합니다.

나스닥지수와 더불어 한 가지 알아두면 좋은 것이 '필라델피아반도체지수'입니다. 나스닥에서 산출 및 공표하고 있으며 나스닥에 상장된 반도체 종목 30개로 구성되어 있습니다. 국내에는 'TIGER 미국필라델피아반도체나스닥(381180)', 'TIGER 미국필라델피아반도체레버리지(합성)(423920)' 2개가 상장되어 있습니다.

다우존스 대표지수인 다우존스산업평균에 투자하는 ETF는 'TIGER 미국다우존스30(245340)'만 상장되어 있습니다. '다우존스'라는 명칭이 포함된 대부분의 ETF는 '다우존스미국배당100' 지수를 기초지수로 합니다. 'SOL 미국배당다우존스(446720)'는 매월 분배금을 지급하는 월배당 ETF이고, 'TIGER 미국배당다우존스커버드콜2호(458760)'는 연 7%의 콜매도프리미엄을 목표로 운용하는 커버드콜 상품입니다. '다우존스미국배당100' 지수의 배당수익률이 다른 대표지수들보다 높기 때문에(〈5-7〉 참조) 자산운용사들은 월배당 또는 커버드콜 등의 상품으로 투자 포인트를 강화하고 있습니다.

5-7 미국 대표지수 배당수익률 (단위: %)

다우존스30	S&P500	나스닥100	다우존스배당100
1.92	1.40	0.85	3.97

자료: www.slickchart.com(기준일: 2024.8.2), 다우존스배당100 Factsheet

03

일본 Nikkei225 그리고 반도체

2024년 7월 일본중앙은행(BOJ)은 기준금리를 0~0.1%에서 0.25%로 인상하고, 중앙은행이 국채를 매입하는 규모를 축소하겠다고 발표했습니다. 미국 Fed와 한국은행 등 주요국은 금리 인하를 저울질하고 있는데, 반대로 가고 있는 것입니다. 제로금리와 양적 완화로 노벨경제학상까지 받은 벤 버냉키(Ben Bernanke) 전 연준 의장은 2003년 일본의 양적 완화 정책이 다른 나라의 통화정책 연구에 중요한 사례가 된다고 언급했습니다. 실제로 일본은 미국보다 먼저 제로금리와 양적 완화를 단행한 국가였고, 지난 인플레이션 구간에서도 금리를 인상하지 않았습니다. 어쩌면 잃어버린 시간을 먼저 경험한 선도국일지도 모릅니다.

일본의 대표지수로는 〈니혼게이자이〉에서 발표하는 Nikkei225지수와 도쿄증권거래소에서 산출하는 TOPIX(Tokyo Stock Price Index)가

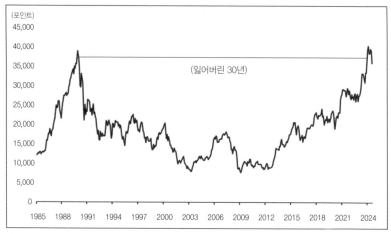

5-8 Nikkei225지수

(포인트)

45,000

40,000

35,000   (잃어버린 30년)

30,000

25,000

20,000

15,000

10,000

5,000

0

1985 1988 1991 1994 1997 2000 2003 2006 2009 2012 2015 2018 2021 2024

자료: Investing.com

있습니다.

　TOPIX는 코스피나 S&P500처럼 시가총액 가중 방식으로 산출되며, Nikkei225는 다우존스 지수와 같이 가격 가중 방식으로 산출됩니다. 그래서 구성 종목의 차이가 큰데, TOPIX가 시장의 구성을 더 잘 반영합니다.

　업종 구성에도 차이가 있는데, Nikkei225는 IT 비중이 49.98%인데 비해 TOPIX는 24.8%입니다. 가장 비중이 큰 종목도 TOPIX는 토요타자동차이고, Nikkei225는 유니클로 브랜드를 보유한 패스트리테일링(Fast Retailing)입니다(〈5-9〉 참조).

　일본 대표지수에 투자하는 ETF는 6개가 상장되어 있는데 TOPIX 4개, Nikkei225 2개입니다(〈5-10〉 참조). 환헤지형과 레버리지, 인버스 등 종류별로 상장되어 있으므로 시장 상황에 맞게 선택하면 됩니다.

일본 대표지수 상위 비중 10종목

TOPIX			Nikkei225		
Toyota Motor	4.43%	자동차	Fast Retailing	10.45%	소비재
Mitsubishi UFJ Financial	2.63%	금융	Tokyo Electron	7.78%	IT
SONY Group	2.42%	IT	SoftBank	4.60%	IT
Hitachi, Ltd.	2.21%	IT, 제조	Advantest	4.03%	IT
Sumitomo Mitsui Financial	1.87%	금융	Shin-Etsu Chemical	2.82%	화학
Tokyo Electron	1.87%	IT	TDK	2.64%	IT
Keyence Corp.	1.79%	기계	KDDI	2.27%	IT
Mitsubishi Corporation	1.62%	상사	Recruit Holings	2.17%	소비재
Recruit Holdings Co., Ltd.	1.61%	서비스	Fanuc Corp.	1.89%	기계
Mitsui & Co.	1.47%	상사	Daikin Industries	1.83%	자본재

자료: 도쿄증권거래소(JPX), indexes.nikkei.co.jp

5-10 일본 대표지수 ETF

ETF명	코드	성격	ETF명	코드	성격
KODEX 일본TOPIX100	101280	가격지수	ACE 일본TOPIX인버스 (합성 H)	205720	인버스
TIGER 일본TOPIX(합성 H)	195920	환헤지	ACE 일본Nikkei225(H)	238720	환헤지
ACE 일본TOPIX레버리지(H)	196030	레버리지	TIGER 일본니케이225	241180	가격지수

DAY 5

일본 반도체 업종에만 투자하는 ETF도 2023년 하반기에 3개가 상장됐습니다. 반도체 강국으로 부활하길 꿈꾸는 일본에 투자하는 ETF입니다. 소니(SONY)가 지금의 애플과 같은 지위를 누렸던 1980년대만 하더라도, 일본 반도체는 미국을 제치고 글로벌 점유율 50%로 1위 생산국이었습니다. 지금은 한국, 대만에 밀려 점유율이 10%가 안 됩니다. 일본은 미·중 무역 갈등으로 시작된 글로벌 생산기지 재편을 기회

삼아 공격적인 투자를 하고 있습니다. 굴지의 기업들과 정부가 참여한 RAPIDUS(라틴어로 '빠르다'라는 의미) 프로젝트입니다. 2023년 착공을 시작해 2027년 첨단 반도체 생산을 목표로 하고 있습니다.

일본 반도체 ETF는 여전히 글로벌 경쟁력을 보유한 장비와 소재 업체 중심의 포트폴리오를 구성하고 있습니다. 'ACE 일본반도체(469160)', 'TIGER 일본반도체FACTSET(465660)' 그리고 'PLUS 일본반도체소부장(464920)' 세 가지입니다.

일본 통화인 엔화 강세에 투자할 수 있는 ETF도 있습니다. 먼저 'RISE 미국30년국채엔화노출(합성 H)(472870)'과 'ACE 미국30년국채엔화노출액티브(H)(476750)'처럼 엔화로 미국 장기 국채를 매수하는 ETF를 선택하는 방법이 있고요. 엔화에만 투자하는 'TIGER 일본엔선물(292560)'을 선택하는 방법도 있습니다. 엔화로 미국 국채를 매수하는 ETF는 엔화 강세 전환과 미국 채권 금리 하락이라는 두 가지 방향성에 투자하는 전략입니다. 이 상품이 엔/달러 환율은 헤지가 되어 있고, 원/엔 환율에만 노출되어 있다는 점은 확인해야 할 부분입니다.

04

인도 Nifty50과 그룹주, 소비재

세계에서 가장 많은 인구를 보유한 국가가 중국에서 인도로 변경됐습니다. 이에 따라 주식시장에서도 중국보다 인도 주식에 관심이 더 많아지고 있습니다. 관련 ETF가 속속 등장하면서 Nifty50 등 대표지수에서 그룹주와 소비재로 세분화가 진행되고 있습니다.

인도에는 NSE(국립증권거래소)와 BSE(뭄바이증권거래소)라는 2개의 거래소가 있습니다. NSE의 대표지수는 Nifty50이고, BSE의 대표지수는 SENSEX30입니다. 국내에는 Nifty50을 기초지수로 하는 ETF 5개만 상장되어 있습니다. 'KOSEF 인도Nifty50(합성)(200250)', 'TIGER 인도니프티50(453870)', 'KODEX 인도Nifty50(453810)'은 지수 추종 ETF입니다. 그리고 'KODEX 인도Nifty50레버리지(합성)(453820)', 'TIGER 인도니프티50레버리지(합성)(236350)'은 2배 레버리지 상품입니다.

업종	비중(%)	종목명	비중(%)	사업 내용
금융	34.44	HDFC Bank	11.95	은행
오일, 가스 & 소비연료	12.56	Reliance Industries	9.98	유통, 통신, 에너지
IT	12.52	ICICI Bank	7.95	은행
자동차	8.05	Infosys	5.33	클라우드 IT 컨설팅
경기소비재	7.9	Larsen & Toubro	3.91	건설 엔지니어링
헬스케어	4.15	Tata Consultancy	3.73	IT컨설팅
금속, 광산	3.93	ITC	3.7	담배, 생활용품, 호텔
건설	3.91	Bharti Airtel	3.64	통신
통신	3.64	Axis Bank	3.39	은행
전력	3.11	State Bank of India	3.07	은행(국영)

자료: NSE, 〈한국경제신문〉

대표 종목 50개로 구성된 Nifty50지수는 금융 업종의 비중이 34.44%로 가장 크고, 오일&가스 12.56%, IT 12.52% 순입니다(〈5-11〉 참조). 상위 종목으로는 대표 은행인 'HDFC Bank', 통신·유통·에너지 등의 사업을 영위하는 '릴라이언스인더스트리(Reliance Industries)', IT 컨설팅 기업인 '인포시스(Infosys)' 등이 있습니다.

2024년 7월 기준 Nifty50의 5년간 누적 수익률은 125.84%로 S&P500 85.41%와 코스피 37.04%를 앞섰습니다. 기업 이익의 증가와 개인 투자자들의 증시 참여로 기초체력은 건강해 보이지만, 주가의 반영 정도를 나타내는 밸류에이션 지표는 부담스러운 것도 사실입니다. 주당순자산(자본) 대비 주가의 배율을 나타내는 PBR의 과거 10년간 밴드를 보면(〈5-12〉 참조), 2024년 7월의 4.14배는 역사적 고점 부근입

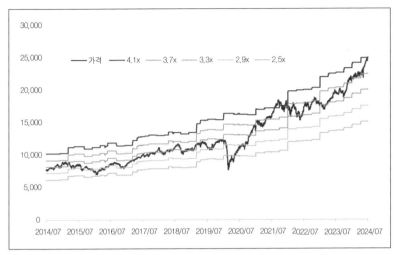

자료: 블룸버그, 〈한국경제신문〉

니다. 자산을 사고팔 때는 이처럼 지금 가격 수준이 어느 정도에 있는 지 확인하는 습관을 갖는 것도 중요합니다.

2024년 5월에는 인도 대표 그룹에 투자하는 'KODEX 인도타타그 룹(477730)'과 소비재에 투자하는 'TIGER 인도빌리언컨슈머(479730)' ETF가 상장했습니다. 한국의 삼성그룹과 같은 대표 그룹과 세계 1위 인구 대국이라는 투자 모멘텀(momentum) 아이디어에 기반한 것입 니다. 'KODEX 인도 타타그룹'은 타타그룹(Tata Group) 내 시가총액 상위 10개 기업에 투자합니다. IT컨설팅 기업인 '타타컨설턴시(Tata Consultancy)'가 25%로 가장 큰 비중으로 투자되며, 업종은 IT·소비 재·인프라로 구성되어 있습니다.

'TIGER 인도빌리언컨슈머'는 대형 자동차 제조 기업 마힌드라&마힌드라(Mahindra & Mahindra)와 글로벌 생활용품 기업 유니레버의 인도 자회사 힌두스탄 유니레버(Hindustan Unilever) 그리고 한국의 대우 상용차와 영국의 재규어랜드로버를 인수한 타타모터스(Tata Motors) 등 20개 기업에 투자합니다.

인도에 투자할 때 포인트는 크게 두 가지입니다. 첫째는 인구이며, 둘째는 중국 중심이었던 글로벌 생산기지가 재편되고 있다는 점입니다. 그러나 2008년 이전에는 떠들썩했던, 중국의 GDP가 미국을 넘어 설 것이라는 장밋빛 전망은 아직 현실화되지 못했습니다. 인도의 경제 성장이 중국을 따라갈 것이라는 현재의 전망도, 막연한 기대로 끝날지 어떨지는 그 과정을 지켜봐야 할 것입니다. 인도는 아직 신흥국입니다. 기업 실적뿐 아니라 금리, 신용위험 등의 거시경제 변수들도 꼼꼼히 확인하고 투자에 나서야 합니다.

국내 투자자들의 해외 주식 및 ETF 투자 동향

한국예탁결제원이 제공하는 증권정보 포털 SEIBro(seibro.or.kr)를 방문하면 국내에서 투자하는 해외 주식 또는 ETF 현황을 조회할 수 있습니다. SEIBro 웹사이트에서 상단 '국제 거래' 메뉴를 클릭한 후 왼쪽 '외화증권예탁결제'를 조회하면 됩니다. 국내 투자자들의 투자 트렌드를 파악하는 데 도움이 됩니다.

2024년 1월부터 8월까지 가장 많은 순매수 종목은 엔비디아였습니다. 11억 달러로, 원화로 환산하면 약 1조 5,000억 원입니다. '순매수 결제'는 전체 매수 금액에서 매도 금액을 차감한 금액을 나타냅니다. 2위는 테슬라였습니다. 눈여겨볼 만한 점은 순매수 상위 20개 종목 중 11개가 ETF였다는 사실입니다. 해외 투자에서도 ETF가 활용되고 있음을 확인할 수 있습니다.

순매수 상위를 기록한 ETF를 순서대로 설명하겠습니다(〈5-13〉 참조). 3번 'GRANITESHARES 2X LONG NVDA Daily'는 엔비디아의 레버리지입니다. 5번 'DIREXION DAILY SEMICONDUTROS BULL 3X'는 미국 반도체 30개 종목으로 구성된 필라델피아반도체지수 일간 등락률의 3배를 추적하는 레버리지 ETF입니다. 6번과 19번은

5-13 2024년 1월부터 8월까지 순매수 상위 20종목

순위	국가	종목명	순매수 결제(달러)	구분
1	미국	NVIDIA	1,105,392,853	주식
2	미국	TESLA	813,327,412	주식
3	미국	GRANITESHARES 2.0X LONG NVDA DAILY	657,753,443	ETF
4	미국	MICROSOFT	437,624,578	주식
5	미국	DIREXION DAILY SEMICONDUCTORS BULL 3X	411,232,916	ETF
6	미국	VANGUARD SP 500	400,884,026	ETF
7	미국	SCHWAB US DIVIDEND EQUITY	375,248,507	ETF
8	미국	INTEL	370,186,409	주식
9	미국	BROADCOM	365,604,326	주식
10	미국	INVESCO QQQ	361,202,884	ETF
11	미국	2X BITCOIN STRATEGY	350,630,015	ETF
12	일본	ISHARES 20+ YEAR US TREASURY BOND JPY(H)	349,275,163	ETF
13	미국	DIREXION DAILY TSLA BULL 2X	345,382,418	ETF
14	미국	DIREXION DAILY 20+ YR BULL 3X	291,702,588	ETF
15	미국	MICROSTRATEGY	270,443,209	주식
16	미국	TSMC	266,466,916	주식
17	미국	ISHARES 20+ YEAR TREASURY BOND	229,869,451	ETF
18	미국	MICRON TECHNOLOGY	209,603,617	주식
19	미국	SPDR SP 500 ETF	209,307,005	ETF
20	미국	ELI LILLY	200,473,352	주식

자료: seibro.or.kr

ETF 투자 7일 완성

S&P500을 추적하는 ETF이며, 7번은 티커가 SHCD(투자자들 사이에서 '슈드'라고 불림)인데 다우존스배당100지수를 추종하는 ETF입니다. 10번은 나스닥100지수를 추적하는 ETF이며 11번은 비트코인 일간 등락률의 2배 레버리지 ETF입니다.

12번은 일본에 상장된 미국 장기 국채 ETF입니다. 엔화와 달러화는 헤지가 되어 있어 원화로 투자하면 미국의 금리 하락과 엔화 강세라는 방향성에 투자하게 됩니다. 국내에 상장된 'RISE 미국30년국채엔화노출(합성 H)(472870)'과 같은 투자 전략입니다.

13번은 테슬라 일간 등락률의 2배 레버리지입니다. 14번은 미국 장기 국채의 일간 등락률의 3배 레버리지이며, 17번은 1배 ETF입니다.

예탁결제원 정보로 살펴본 국내 투자자들의 해외 주식 투자 트렌드는 미국 반도체와 테슬라 그리고 장기 국채와 해당 자산 일간 등락률의 레버리지까지 활용한 상품들이라는 것을 알 수 있습니다.

누적 보관 금액 기준으로는 개별 종목이 더 많았습니다(〈5-14〉 참조). 1위는 테슬라로 원화 환산 금액 약 18조 원이고, 2위 엔비디아는 약 15조 7,000억 원입니다. 이들은 모두 배당을 안 주거나 배당수익률이 0.1% 미만인 종목입니다. 국내 투자자들의 해외 주식 투자 성향은 배당이 아니라 성장이라는 점을 알 수 있습니다.

가장 많이 보관하고 있는 ETF는 'PROSHARES ULTRAPRO QQQ'로 나스닥100지수 일간 등락률의 3배를 추적하는 ETF입니다. 과감한 투자 성향이 반영된 결과입니다.

순위	국가	종목명	보관 금액(달러)	구분
1	미국	TESLA	13,493,968,771	주식
2	미국	NVIDIA	11,736,320,024	주식
3	미국	APPLE	4,782,165,971	주식
4	미국	MICROSOFT	3,507,573,971	주식
5	미국	PROSHARES ULTRAPRO QQQ	2,950,090,356	ETF
6	미국	DIREXION DAILY SEMICONDUCTORS BULL 3X	2,545,950,852	ETF
7	미국	ALPHABET	2,023,002,652	주식
8	미국	INVESCO QQQ	1,985,128,865	ETF
9	미국	AMAZON.COM	1,539,609,076	주식
10	미국	DIREXION DAILY 20+ YR TREAS BULL 3X	1,531,950,963	ETF
11	미국	SPDR SP 500	1,443,104,408	ETF
12	미국	VANGUARD SP 500	1,300,793,694	ETF
13	미국	SCHWAB US DIVIDEND EQUITY	1,086,760,594	ETF
14	미국	BROADCOM	1,019,148,534	주식
15	일본	ISHARES 20+ YEAR US TREASURY BOND JPY(H)	855,202,270	ETF
16	미국	ISHARES 20+ YEAR TREASURY BOND	833,536,407	ETF
17	미국	GRANITESHARES 2.0X LONG NVDA DAILY	778,936,977	ETF
18	미국	REALTY INCOME	751,446,284	주식
19	미국	TSMC	744,121,292	주식
20	미국	PALANTIR TECHNOLOGIES	740,059,998	주식

자료: seibro.or.kr(기준일: 2024.8.31)

_____
_____
_____

코스피와 코스닥

- 우리나라의 대표 주식시장은 유가증권 시장과 코스닥 시장이 있습니다.
- 유가증권 시장의 대표 지수는 코스피와 코스피200, 코스닥 시장은 코스닥과 코스닥150입니다.
- 지수를 기초로 한 선물과 옵션 등 파생상품의 기초지수는 코스피200과 코스닥150입니다.
- 그러므로 코스피200과 코스닥150을 추종하는 ETF가 대부분입니다.

미국 대표지수

- 미국 3대 지수는 S&P500, 다우존스산업평균30, 나스닥지수입니다.
- ETF에 적용된 나스닥지수는 나스닥100입니다.
- 다우존스가 적용된 국내상장 ETF의 기초지수는 다우존스배당100입니다.

일본과 인도

- 일본의 대표지수는 TOPIX100과 Nikkei225입니다.
- Nikkei225는 미국 다우존스산업평균처럼 가격 가중 지수이고, 시가총액 가중으로 구성된 지수와 다른 방식입니다.
- 인도의 대표지수는 Nifty50과 Sensex30입니다.
- 인도는 인구수 세계 1위 국가가 되었습니다. 하지만 인도에 투자할 때는 가격 수준이 고려되어야 합니다.

DAY 5

팩터 투자
&
채권 ETF

정량적인 팩터 투자

투자를 하다 보면 처음 시작할 때의 원칙을 지키는 것이 얼마나 어려운 일인지 깨닫게 됩니다. 가격의 변화는 투자자의 마음도 변화시킵니다. 상승하는 주식은 좋아 보이고, 하락하는 주식은 나빠 보입니다. '펀더멘털'이라고 불리는 기업의 기초체력 즉, 현금을 벌어들이는 능력보다 주식시장에 참여하는 사람들의 심리가 가격을 움직이는 경우도 많습니다.

사람의 감정을 배제하고 숫자에 기반해 투자하는 것을 퀀트(Quant) 투자라고 합니다. 숫자 또는 계량을 의미하는 영어 단어 'quantitative'를 줄여 만든 용어입니다. 퀀트 투자에 사용되는 숫자에는 여러 가지가 있습니다. 가장 쉽게 접근할 수 있는 것이 회계적 이익입니다. 예를 들어 매년 또는 매 분기 매출액 성장률을 계산해서 상위 종목을 선정해 포트폴리오를 구성하면 성장형(Growth) 퀀트 전략이 됩니다. 매출액 대신 영업이익 또는 주당순이익(EPS)을 사용할 수도 있습니다.

밸류에이션 지표도 많이 사용됩니다. 밸류에이션은 우리말로 '가치 평가'입니다. 여기서 '가치'란 기업이 보유한 펀더멘털을 평가한 수치로, 시장에서 매수자와 매도자의 매매 강도 또는 심리에 의해 움직이는 '가격'과는 다릅니다. 가격이 가치보다 높으면 고평가로 매도의 대상이 되며, 가격이 가치보다 낮으면 저평가로 매수의 대상이 되는 것입니다.

자주 사용되는 밸류에이션 지표는 주가를 주당순이익(EPS)으로 나눈 주가수익비율(PER)과 주가를 주당순자산(BPS)으로 나눈 주가순자산비율(PBR)입니다. 밸류에이션 지표가 과거 대비 또는 경쟁 기업 대비 낮으면 저평가 영역, 높으면 고평가 영역으로 해석합니다(참고로 2024년 8월 기준 코스피지수의 PER은 11배이며 PBR은 0.96배입니다). 그러므로 퀀트 투자에서는 낮은 PER 또는 낮은 PBR의 종목을 일정한 기준으로 선정하여 투자합니다. 가치형(Value) 퀀트 투자가 됩니다.

배당형(Dividend) 투자에서도 퀀트를 사용할 수 있습니다. 특정 배당수익률을 기준으로 종목을 선정하면 됩니다. 또는 'S&P500배당귀족지수'를 사용한 ETF나 펀드처럼 25년 이상 배당금이 성장한 기업이라는 정량적 기준으로 종목을 선정할 수도 있습니다. 이렇게 하면 배당성장 퀀트 전략이 됩니다.

이처럼 특정 요인을 정하여 투자하는 것을 퀀트 투자 중 팩터(Factor) 투자라고 하며 팩터의 종류는 다양합니다. 앞서 살펴본 성장, 가치, 배당은 대표적인 펀더멘털 팩터이며 퀀트 투자에서는 이를 스타일(Style) 투자 전략이라고 부릅니다.

채권 ETF 투자

주식은 각 나라의 거래소 전산 시스템을 통해 투명하고 체계적으로 거래됩니다. 그러나 채권은 거래 단위도 클 뿐 아니라 주식처럼 정규 거래소가 있지도 않습니다. 보통 증권회사의 '브로커' 또는 '딜러'라고 불리는 사람들이 매매를 연결해줍니다. 그래서 개인 투자자들은 펀드나 신탁 또는 ETF 등의 투자 상품을 이용하는 것이 일반적이죠. 한국거래소에서 거래되는 ETF 중 주식 ETF는 'KODEX 200'과 'KOSEF 200'이 2002년 10월 14일에 상장됐는데, 채권 ETF는 2009년에 이르러서야 'RISE 국고채3년', 'KODEX 국고채3년'이 상장됐습니다.

채권은 국가 또는 기업이 자금을 조달하는 방법 중 하나입니다. 먼저 기업 입장을 보자면, 자금조달 방법 중 가장 쉬운 것은 은행 대출입니다. 그다음은 주식이나 채권을 발행하는 것입니다. 주식은 기업의 소유권이므로 주주에게 지분을 나눠줘야 하죠. 채권은 지분을 나눠주지 않아도 되지만, 일정 기간마다 정해진 이자를 주어야 하고 만기에 원금을 갚아야 합니다.

기업과 달리 국가는 돈을 빌릴 은행이 없습니다[국가 부도의 위기에 처했을 때 국제통화기금(IMF)에서 빌릴 수는 있지만 논외로 하겠습니다]. 그래서 세금으로 충당이 되지 않으면 국채를 발행하여 자금을 조달합니다.

이렇듯 채권은 국가나 기업 입장에서는 자금조달 방법임과 동시에 발행된 채권은 부채가 됩니다. 하지만 투자자에게는 일정한 이자를 받고 만기에 원금을 돌려받을 수 있는 투자자산입니다. 은행의 정기예금과 비슷하죠. 게다가 만기 전에 시장에서 사거나 팔 수 있고, 변화하는 시장금리 또는 발행하는 기관의 신용도를 평가하며 다양한 투자 전략을 실행할 수 있습니다.

01
성장 팩터
투자

국내에 상장된 팩터 투자 ETF는 성장, 가치, 저변동, 퀄리티가 주를 이룹니다(《6-1》 참조). 먼저 성장 팩터를 사용한 ETF로는 'KODEX 성장주'가 있습니다. 과거 5년의 실제치와 미래 3년의 추정 실적을 기준으로 종목을 선정합니다. 사용된 팩터는 EPS 성장률과 주당매출액(Sales Per Shares, SPS) 성장률입니다.

성장 팩터 중에는 모멘텀이라는 형태도 있습니다. 우리말로는 '추세' 또는 '가속 탄력' 정도로 해석할 수 있습니다. 모멘텀에는 가격 모멘텀과 이익 모멘텀이 있는데, 가격 모멘텀은 주식 가격을 기반으로 계산하며 이익 모멘텀은 회계적 이익으로 계산합니다.

'KODEX MSCI모멘텀' ETF는 MSCI 한국 지수에 포함된 종목을 대상으로 6개월과 12개월 가격 모멘텀을 50%씩 가중하여 점수가 높은 종목순으로 구성된 지수를 추적합니다.

$$6\text{개월 모멘텀} = \left(\frac{\text{현재 가격}}{6\text{개월 전 가격}} - 1 \right) \times 100$$

$$12\text{개월 모멘텀} = \left(\frac{\text{현재 가격}}{12\text{개월 전 가격}} - 1 \right) \times 100$$

6개월 모멘텀은 6개월 수익률, 12개월 모멘텀은 12개월 수익률이 됩니다. 결국 특정 기간별 수익률에 50%씩 가중하여 산출된 점수가 높은 종목에 투자하는 포트폴리오입니다.

가격 모멘텀을 가공하여 개발한 지표를 사용하는 ETF도 있습니다. 'KODEX모멘텀Plus'는 매달 직전 1년 수익률을 1년 일간 변동성으로 나누어 만든 '모멘텀 지표'를 기준으로 포트폴리오를 구성합니다. 수익률이 높아도 변동성이 함께 높으면 모멘텀의 퀄리티가 좋지 않음을 반영한 지표라고 해석할 수 있습니다.

'PLUS KS모멘텀가중TR'★ ETF는 1개월 전 주가를 12개월 전 주가로 나눈 가격 모멘텀과 변동

★ 순자산이 작아서 2024년 9월 25일 상장폐지 되었음.

6-1 성장 팩터 ETF 기간수익률

ETF명	코드	상장일	종목 수 (개)	기간수익률(%)				
				3개월	연초 이후	1년	3년	5년
KODEX 성장	325010	2019/05/31	324	-3.8	-4.6	0.6	-19.7	55.1
KODEX MSCI모멘텀	275280	2017/07/11	199	-1.6	13.9	5.4	-0.7	71.3
KODEX 모멘텀Plus	244620	2016/05/13	56	-9.6	3.8	-0.5	-0.8	60.1
PLUS KS모멘텀가중TR	333960	2019/09/05	101	0.6	9.0	9.7	-5.1	
코스피지수				-0.6	0.3	4.3	-15.0	37.7

자료: etfcheck.com, 야후파이낸스(기준일: 2024.8.29)

성을 고려하여 산출한 '모멘텀 가중' 지표를 기준으로 종목을 선정합니다. 최근 한 달 주가 추이가 제외되므로 좀 더 안정된 과거 추세를 반영했다고 볼 수 있습니다.

기간수익률을 비교해보면 기간별로는 차이가 있지만 코스피보다 우월한 수익률을 보입니다. 안타까운 점은 'KODEX 성장'을 제외하면 순자산이 100억 미만이라는 점입니다. 우리나라 투자자들은 숫자 펀더멘털에 기반한 투자 상품보다는 성장 테마를 선호하기 때문입니다. 하지만 장기 수익률을 위해서는 감정이 배제된 팩터를 기반으로 하는 투자를 생각해 볼 수 있습니다.

가치 팩터
투자

밸류 팩터를 사용하는 퀀트 ETF도 성장 팩터와 마찬가지로 순자산이 크지 않습니다. 상장폐지 요건에 해당하는 '순자산 50억 원 미만'을 제외하면 'KODEX MSCI밸류', 'RISE V&S셀렉트밸류' 등 2개의 ETF가 있습니다(액티브 ETF 제외).

'KODEX MSCI밸류'는 MSCI코리아에 포함된 종목들을 대상으로 '예상 PER, 기업가치 및 영업현금흐름, PBR'이라는 3개의 밸류 팩터

6-2 가치 팩터 ETF 기간수익률

ETF명	코드	상장일	종목 수 (개)	기간수익률(%)				
				3개월	연초 이후	1년	3년	5년
KODEX MSCI밸류	275290	2017/07/11	78	1.9	2.2	12.9	-5.0	50.3
RISE V&S셀렉트밸류	234310	2016/02/02	61	0.2	0.8	5.4	-9.1	41.2
코스피지수				1.4	0.7	4.4	-16.4	35.9

자료: etfcheck.com, 야후파이낸스, 해당 자산운용사 ETF 홈페이지(기준일: 2024.8.30)

를 3분의 1씩 가중하여 점수가 높은 종목순으로 구성된 지수를 추적합니다. PER과 PBR은 회계적 이익을 기반으로 산출된 지표인데, 영업현금흐름까지 포함되어 있어 이익의 질적인 부분까지 고려하는 방식입니다.

'RISE V&S 셀렉트밸류'는 적자기업 제외 등 기본적인 정량 평가 후 다음 여섯 가지 항목을 합산한 평가 점수 상위 20%를 후보 종목군으로 선정하고 투자자문사의 정성 평가를 거쳐 최종 종목을 확정합니다.

① (현금+유가증권 – 이자발생부채)/시가총액

② 배당/시가총액

③ EV/EBITDA

④ PER

⑤ PBR

⑥ ROE

①은 기업의 유동성을 평가하는 항목이며, ②는 배당수익률에 해당합니다. ③의 EV/EBITDA는 설비투자 등 유형자산 투자가 많은 기업을 평가할 때 주로 사용되는 평가 방법입니다. EV는 'Enterprise Value'의 약자로 기업가치(시가총액+부채)를 의미하며, EBITDA는 영업이익에 '현금이 지출되지 않은 비용'★을 더한 것으로 영업활동으로 인한 현금흐

름과 유사한 개념입니다. ④ PER과 ⑤ PBR은 이미 살펴봤으므로 추가 설명은 생략하겠습니다. ⑥ ROE는 'Return On Equity'의 약자로, 당기순이익을 자기자본으로 나눈 값입니다. 단순하게는 주주들에게 속한 자본으로 이익을 얼마나 창출했는가를 평가하는 지표입니다.

모멘텀 팩터와 마찬가지로 코스피지수보다 우월한 성과를 보였지만, 두 ETF 모두 순자산이 100억 원 미만입니다.

DAY 6

03

저변동 팩터
투자

성장과 가치 팩터 투자 외에 저변동 팩터에 기반한 ETF도 있습니다. 저변동은 변동성이 낮다는 의미로 영어로는 'Low Volatility'라고 합니다. 수익률을 측정할 때 일반적으로 사용하는 가격수익률 외에 기관투자자들은 위험조정(risk adjusted) 수익률을 많이 사용합니다. 가격수익률을 위험 팩터로 나눈 값인데, 여기서 위험 팩터로 사용되는 것이 변동성입니다. 그러므로 가격수익률에 큰 차이가 없다면 변동성이 낮은 상품에 투자할 때 위험조정 수익률은 좋아집니다. 변동성이 낮으면서 수익률도 좋은 자산을 고르는 방법입니다.

일반적으로 변동성은 표준편차로 측정됩니다. 표준편차는 통계적 용어로, 특정 기간의 수익률 평균과 일별 수익률의 차이를 표준화한 값을 뜻합니다. 평균 대비 변동폭을 표준화한 것으로 이해하면 됩니다.

저변동과 유사한 팩터로 퀄리티가 있습니다. 퀄리티는 우량 종목을

ETF명	코드	상장일	종목 수 (개)	기간수익률(%)				
				3개월	연초 이후	1년	3년	5년
KODEX 200 가치저변동	223190	2015/06/26	150	4.1	14.3	24.4	15.6	75.1
TIGER 로우볼	174350	2013/06/20	42	5.1	15.1	26.3	18.5	47.8
HK S&P코리아로우볼	215620	2015/03/25	52	4.2	9.2	16.7	8.2	53.3
코스피지수				-0.1	0.4	4.9	-16.4	36.1

자료: etfcheck.com, 한국거래소

고르는 팩터인데, 일반적으로 부채가 낮고 현금흐름이 우량하며 자기 자본 대비 당기순이익이 높은 종목을 말합니다. 정해진 팩터는 없으며, 앞서 언급한 다양한 요소를 조합하여 사용합니다.

대표적인 퀄리티 팩터로 현금흐름이 있습니다. 극단적인 경우 이익이 많아도 현금흐름이 없다면, 적은 금액이라도 부채를 갚지 못하는 흑자도산이 발생할 수 있습니다. 그러므로 이익의 퀄리티, 즉 현금흐름이 좋아야 하는 것입니다.

경영학에서는 회계적 이익이 아닌 현금 창출 능력이 있는 사업부를 '캐시카우(Cash Cow)'라고 부릅니다. 이런 개념을 기반으로 미국에는 COWZ(Pacer US Cash Cows 100)라는 ETF가 상장되어 있습니다. 규모가 248억 달러 수준으로 원화로 환산하면 약 33조 원에 달합니다.

최근 1년 이내의 수익률은 AI 관련 소수 종목의 상승으로 S&P500의 상승률보다 못하지만, 3년 또는 5년의 장기 수익률은 다 높은 모습을 보여줍니다(《6-4》 참조). 국내에도 유사한 ETF가 상장되어 있습니다. 대형주 중 영업활동으로 인한 현금흐름에서 투자 지출을 뺀 잉여

DAY 6

(단위: %)

ETF명	티커	3개월	연초 이후	1년	3년	5년
Pacer US Cash Cows 100	COWZ	3.5	12.3	16.0	35.5	131.2
S%P500지수	SPX	7.0	18.4	25.3	24.9	93.0

현금흐름을 시가총액으로 나눈 값이 높은 종목 100개를 선정한 ETF 입니다. 'TIGER 미국캐시카우100(465670)'인데 순자산은 약 200억 원 수준입니다.

감정을 배제하고 숫자를 기반으로 하는 ETF를 살펴봤습니다. 펀더 멘털 팩터를 기반으로 일정한 원칙을 유지했을 때 우월한 장기 수익 률을 거둔다는 점을 확인할 수 있었습니다. 다만 국내 투자자들에게는 인기가 없는 것이 사실입니다. 자산운용사의 홍보와 교육 부족이라는 원인도 있겠지만, 투자가 너무 테마형에 치우쳐 있진 않은지도 다시 한번 생각해봐야 힐 이슈입니다.

04

금리와 채권 가격, 신용도

투자자산으로서 채권의 성격은 고정수익증권(Fixed Income Securities) 입니다. 투자시장에서 'Fixed Income 자산'이라고 하면 대부분 채권을 의미합니다. 채권은 이자와 원금으로 구성됩니다. 그런데 이자와 원금은 미래에 받는 금액입니다. 그래서 무위험 이자율로 나누어 현재가치로 평가합니다.

　은행에서 만기 1년 정기예금 10,000원을 가입하면, 정기예금 이자율이 5%일 때 만기에 10,500원을 찾게 되죠. 이를 거꾸로 보자면, 1년 후 10,500원의 현재가치는 '1 + 5%'로 나눈 10,000원이 됩니다. 채권의 원리가 바로 이와 같습니다.

　이론적으로는 '무위험 이자율을 이용하여 현재가치로 할인한다'라는 표현을 사용합니다. 현실 세계에 엄격한 무위험 이자율은 없기 때문에 일반적으로 국채 이자율을 대신 사용합니다.

예를 들어 만기가 3년인 채권이 있는데 1년에 한 번씩 5%의 이자[또는 쿠폰(coupon)]를 준다고 가정하면, 이 채권에 10,000원을 투자한 투자자의 현금흐름(cash flow)은 다음과 같습니다. 이때 무위험 이자율도 5%라고 가정하겠습니다.

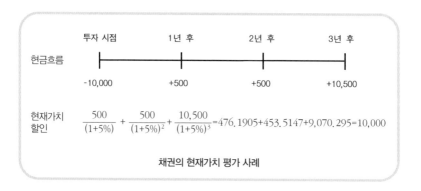

채권의 현재가치 평가 사례

그런데 여기서 할인율로 사용되는 무위험 이자율인 국채 이자율이 상승하면 분모가 커지기 때문에 현재가치, 즉 채권의 가격은 하락하게 됩니다. 반대로 이자율이 하락하면 채권의 가격은 상승합니다. 그래서 중앙은행이 금리를 내리려고 하면 채권 투자로 돈이 몰리는 것입니다. 일반적으로 경기가 나빠지면 금리를 내리기 때문에 채권은 '불황에 투자하는 자산'이라고도 불리죠.

〈6-5〉는 국채 이자율과 채권 가격이 반대 방향으로 움직이는 모습을 보여줍니다. 다만 2008년 금융위기 후로는 경기 하강에 대비하여 미리 금리를 낮추는 통화정책을 사용했기 때문에 채권 가격의 상승이 반드시 경기 둔화를 의미하지는 않았습니다.

채권은 발행하는 기관에 따라 나눌 수 있습니다. 먼저 국가가 발행

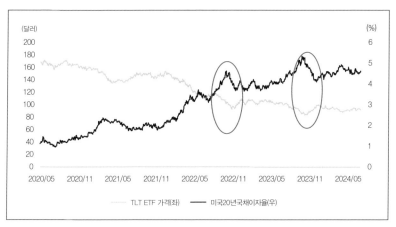

6-5 미국 채권 ETF(TLT주) 가격과 20년만기 미국 국채 이자율 추이

자료: Investing.com

하면 국채, 기업이 발행하면 회사채가 됩니다. 회사채는 신용도에 따라서 투자등급(Investment Grade, IG) 채권과 투기등급(High Yield, HY, 하이일드, 신용등급 BBB- 미만) 채권으로 나뉩니다. 신용도에 따라 국채나 회사채의 이자율이 달라지는데, 신용이 나쁠수록 지급하는 이자가 높아야 투자 매력을 유지할 수 있기 때문입니다. 신용위험에 대한 보상인 것입니다.

신용도를 평가하는 기관을 신용평가사 또는 신용평가기관이라고 합니다. 무디스(Moody's), 스탠더드앤드푸어스(S&P), 피치(Fitch)를 세계 3대 신용평가기관이라고 하는데 뉴스에서 들어봤음 직한 이름들이죠. 국내 신용평가회사로는 한국기업평가, 한국신용평가, NICE신용평가 등이 있습니다.

DAY 6

05
듀레이션과
단기금융

채권의 이자율을 결정하는 요인으로는 앞서 설명한 신용도 외에 만기도 있습니다. 동일한 신용의 채권이라면 만기가 길수록 이자율이 높습니다. 인플레이션 위험에 대한 보상이라고 볼 수 있습니다. 일반적으로 경제는 성장하고 물가는 상승한다는 가정을 전제한 것이죠.

💲 듀레이션이란

그런데 여기서 알고 가야 하는 개념이 있습니다. 바로 '듀레이션 (duration)'입니다. 채권에 투자하는 상품을 만나면 반드시 접하게 되는 개념입니다. 교과서에는 '현금흐름 가중평균 만기'로 정의되어 있습니다.

예를 들어 지급하는 이자율[쿠폰이자율(coupon rate) 또는 표시이자율]이 '0%'인 채권(무이표채)은 만기에만 현금흐름이 존재하기 때문에 만기와 듀레이션이 동일합니다. 그러나 앞서 본 사례처럼 만기 전에 이자를 지급하는 채권은 일반적으로 듀레이션이 만기보다 짧습니다. 만기는 3년이지만 현금흐름 가중평균 만기인 듀레이션은 2.86년이 됩니다.

$$\frac{\frac{500}{(1+5\%)}}{10,000} \times 1 + \frac{\frac{500}{(1+5\%)^2}}{10,000} \times 2 + \frac{\frac{10,500}{(1+5\%)^3}}{10,000} \times 3 = 0.05 + 0.09 + 2.72 = 2.86$$

듀레이션 계산 사례

듀레이션을 계산하는 이유는 만기가 같은 채권이라도 만기 전에 지급하는 이자의 지급 기간과 크기가 다양하기 때문입니다. 할인율로 사용되는 이자율이 계속 변하는 시장 환경에서 채권을 평가할 일정한 기준이 필요한 것입니다. 일반적으로 듀레이션이 길수록 이자율 변화에 대한 채권 가격의 변화가 커집니다. 이를 '이자율 변화에 대한 채권 가격의 민감도가 높다'라고 이야기합니다.

앞의 수식에서 볼 수 있는 바와 같이 만기 또는 듀레이션이 길수록 현금흐름에 적용되는 할인율이 제곱, 세제곱 등으로 높아지므로 시장 이자율(할인율)의 변화에 따른 채권 가격의 변화도 크게 나타납니다. 또 쿠폰이자율이 클수록 중간에 받는 현금이 많아지므로 듀레이션은 짧아지고 금리민감도는 낮아집니다.

할인율로 사용되는 시장이자율의 변화에 따른 채권 가격의 변화를 듀레이션이 다른 두 채권을 예로 들어 설명해보겠습니다. 예를 들어 시장금리가 0.1%p(10bp★) 하락하면 듀레이션이 10년인 채권의 가격은 1% 상승하고 듀레이션이 5년인 채권의 가격은 0.5% 상승합니다. 반대로 금리가 상승하면 가격은 듀레이션을 곱한 만큼 하락하게 됩니다.

⑤ 단기금융

듀레이션이 짧을수록 금리 변화에 대한 가격 변화가 적습니다. 신용도가 높은 보증이나 담보가 있으면 더 안정적입니다. 이 두 가지 성격을 갖도록 설계된 ETF가 단기금융 ETF입니다. CD(Certificate of Deposit) 금리, MMF(Money Market Fund), SOFR(Secured Overnight Financing Rate), KOFR(Korea Overnight Financing Rate) 등의 단기 금리를 추종하는 ETF가 이에 해당합니다.

CD금리는 양도성예금증서의 금리로 은행의 정기예금증서에 양도성을 부여한 것입니다. 일반적으로 91일만기로 은행 간에 자금 수급을 위해 거래되는 상품입니다. CD수익률은 금융투자협회 채권정보센터(www.kofiabond.or.kr) 'CD수익률' 메뉴에 매일 게시됩니다.

MMF는 단기 금융상품에 집중 투자하는 상품을 말합니다. 금리위험과 신용위험이 적은 국공채, CD, 우량 기업어음(CP) 등으로 운용하며 가중평균 잔존만기가 75일 이내로 제한됩니다. 편입 자산의 신용등급은 취득 시점을 기준으로 상위 2개 등급 이내(채권은 AA 이상, CP는 A2 이상)여야 합니다. 주식과 관련이 있는 채권(전환사채 등)이나 사모발행 채권 등은 운용 대상 자산에서 제외되며, 금리 변동에 따른 시가 평가를 하지 않고 장부가 평가를 합니다. CD금리, MMF ETF의 우상향 직선처럼 보이는 그래프로 이런 안정성을 확인할 수 있습니다.

SOFR은 미국 국채를 담보로 보증된 하루짜리 자금조달 금리를 의미하며, 뉴욕 연방준비은행이 고시하는 단기 지표금리입니다. SOFR 추종 ETF는 달러 자산에 투자하므로 환율 변동에 노출되어 있다는 점을 주의할 필요가 있습니다. KOFR은 국채 또는 한국은행에서 발행하는 통화안정채권을 담보로 하는 1일 자금조달 금리입니다. 예탁결제

6-6 단기금융 ETF

	ETF명	코드		ETF명	코드
CD	KODEX CD금리액티브 (합성)	459580	SOFR	RISE 미국달러SOFR 금리액티브(합성)	455960
	TIGER CD금리투자KIS (합성)	357870		ACE 미국달러SOFR금리 (합성)	456880
MMF	RISE 머니마켓액티브	455890	KOFR	KODEX KOFR금리액티브 (합성)	423160
	PLUS 머니마켓액티브	477050		TIGER KOFR금리액티브 (합성)	449170

6-7 단기금융 지표

(단위: %)

CD	MMF	SOFR	KOFR
3.50	3.67	5.35	3.57

자료: 각 고시 웹사이트(기준일: 2024.7.26.). 단, MMF는 RISE ETF 최근 운용보고서 YTM(만기수익률)

원에서 한국무위험지표금리 웹사이트(www.kofr.kr/main.jsp)를 통해 게
시합니다.

06
채권
투자 전략

채권 투자수익률은 듀레이션, 신용도, 지급이자로 결정되며 이 세 가지를 구성하는 방법에 따라 투자 전략이 달라집니다.

채권은 발행기관에 따라 국채, 통안채(통화안정채권, 한국은행 발행), 회사채, 금융채 등으로 구분됩니다. 만기에 따라서는 단기채(1년 미만), 중기채(3년 이상~10년 미만), 장기채(10년 이상)로 나누어 볼 수 있습니다. 신용등급이 낮을수록, 만기 또는 듀레이션이 길수록 채권의 기대수익률은 높아집니다. 그 대신 시장금리의 변화에는 민감해집니다. 위험을 감수할수록 높은 보상을 요구하는 것이죠.

경기가 좋아진다면 신용등급이 낮은 채권을 선택하는 것이 수익률 면에서 유리합니다(반대로 경기가 나빠진다면 국채 중심의 안전한 채권을 선택해야 합니다). 신용등급이 낮을수록 위험에 대한 보상으로 높은 쿠폰 수익률을 제시하게 되는데, 경기가 좋아지면 발행 기업의 디폴트 위험

(default risk), 즉 부도 가능성이 낮아지기 때문입니다. 이때 회사채의 높은 금리와 무위험 국채의 금리 차이를 신용스프레드(credit spread)라고 합니다. 여기서 '스프레드'는 '차이'를 나타냅니다.

경제가 좋아지는 국면에서는 낮은 신용등급의 채권에 수요가 몰리게 됩니다. 수요가 증가하면 가격이 상승하는데, 높은 가격을 주고 매수하면 채권의 수익률이 낮아집니다. 이를 '신용스프레드가 축소되면서 회사채의 가격이 상승한다'라고 이야기합니다.

〈6-8〉에서 보듯이 경기 침체 시기에는 하이일드, 즉 투기등급 회사채의 이자율이 급등하고 신용스프레드도 함께 수직 상승하면서 하이일드 ETF 가격은 하락합니다. 반대로 경기가 안정되면 신용스프레드가 축소되면서 하이일드 ETF의 가격은 상승합니다.

정리하자면, 채권 투자는 듀레이션과 신용을 선택하는 것입니다. 경

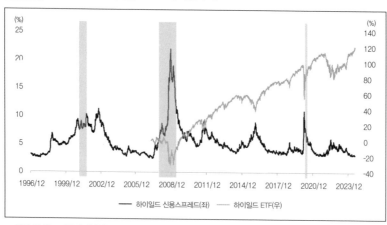

6-8 신용스프레드와 하이일드 ETF 수익률 추이

※ 회색 막대는 미국의 경기 침체 시기를 나타냄.
자료: 세인트루이스 연방준비은행의 하이일드 채권 스프레드, 야후파이낸스의 HYG ETF

제가 좋아져서 금리가 상승할 것 같다면, 채권 가격이 영향을 덜 받고 높아진 금리의 채권에 투자할 수 있는 단기 회사채를 선택해야 합니다. 반대로 경제가 나빠져서 금리가 하락할 것 같다면, 듀레이션이 긴 장기 국채의 수익률이 좋아집니다.

〈6-9〉는 경제의 상태와 금리 방향성에 따른 채권 투자 전략을 요약한 것입니다. 〈6-10〉과 〈6-11〉에 국내 상장된 채권 ETF를 종류별

6-9 경제와 금리 방향에 따른 채권 투자 전략

구 분		경제 상태	
		좋아진다	나빠진다
금리	상승한다	단기 회사채	단기 국채
	하락한다	장기 회사채	장기 국채

6-10 국내 채권에 투자하는 ETF

구분	ETF명	코드	듀레이션	만기수익률(%)
단기 국공채	TIGER 단기통안채	157450	0.41	3.28
	RISE 단기통안채	196230	0.41	3.39
	RISE 단기국공채액티브	272560	0.83	3.46
장기 국공채	KOSEF 국고채10년	148070	7.47	3.11
	KODEX 국고채30년액티브	439870	18.41	3.03
	RISE KIS국고채30년Enhanced	385560	23.65	3.20
단기 회사채	1Q 단기금융채액티브	463290	0.60	3.50
	ACE 단기채권알파액티브	440640	0.72	3.42
	SOL 초단기채권액티브	469830	0.19	3.60
중(장)기 회사채	TIGER 투자등급 회사채액티브	438330	3.08	3.57
	RISE 중기우량회사채	136340	2.03	3.14
	RISE 금융채액티브	336160	2.58	3.50

DAY 6

구분	ETF명	코드	듀레이션	만기수익률(%)
장기 국공채	ACE 미국30년국채액티브(H)	453850	16.88	4.58
	KODEX 미국30년국채액티브(H)	484790	16.39	4.63
	ACE 미국30년국채액티브	476760	16.88	4.58
단기 회사채	RISE 미국단기투자등급회사채액티브	437350	2.64	5.25
	TIGER 단기선진하이일드(합성 H)	182490	2.30	7.51
중(장)기 회사채	TIGER 미국투자등급회사채액티브(H)	458260	8.27	5.34
	KODEX iShares미국하이일드액티브	468380	3.21	7.53
	KODEX iShares 미국투자등급회사채액티브	468630	8.27	5.38

자료: ETF 홈페이지, 기초지수 웹사이트, 운용보고서(기준일: 2024.7.26, 순자산 상위 ETF)

로 정리했습니다. 해외 채권에 투자하는 ETF를 예시한 〈6-11〉에 단기 국공채(국가나 공공기관이 발행한 채권) ETF가 없는 것은 국내 상상된 적합한 ETF가 없기 때문입니다. 표에서 정리된 만기수익률이라는 용어는 매수한 채권을 만기까지 보유했을 때의 기대수익률을 1년으로 환산한(연환산) 값입니다. 〈6-9〉의 투자 전략에 맞는 ETF를 〈6-10〉과 〈6-11〉에서 선택하면 됩니다.

07

장단기
스프레드

여기서 금리의 방향성과 함께 주의해야 할 점이 있
는데, 바로 금리의 수준입니다. 중앙은행 통화정책
에서 결정하는 기준금리는 초단기 금리★입니다.

★ 한국은행의 경우 7일 환
매조건부채권 금리.

따라서 기준금리의 직접적인 영향을 받는 금리는 단기 금리입니다. 일
반적으로는 중앙은행이 금리를 인하하면, 폭은 다르지만 단기와 장기
금리가 같이 내려가게 됩니다. 그러나 단기 금리와 장기 금리의 수준
에 따라 다른 방향성이 나올 수도 있습니다. 예를 들어 기준금리를 인
하했을 때, 장기 금리가 낮은 수준이라면 단기 금리는 내려가더라도
미래에 경기가 좋아질 것을 예상하여 장기 금리가 상승할 수도 있습니
다. 반대로 기준금리를 올렸을 때, 장기 금리가 높은 수준에 있었다면
단기 금리는 상승하더라도 미래의 경기가 나빠질 것이라는 전망이 반
영되어 장기 금리가 하락할 수도 있습니다.

이런 상황에 대응하기 위해 만들어진 개념이 장기와 단기 금리의 차이인 장단기 금리차 또는 장단기 스프레드입니다. 따라서 단순히 금리의 방향성보다는 현재 장기 금리와 단기 금리의 수준 그리고 장단기 금리 차이를 점검하고 전략을 세우는 것이 바람직합니다.

예를 들어보겠습니다. 보통은 경제 성장에 대한 기대와 정상적인 물가 상승이 반영되어 장기 금리가 단기 금리보다 높습니다. 그러나 역사적으로 보면 장기 금리가 단기 금리보다 낮은 '장단기 역전 현상'이 가끔 발생했습니다. 이렇게 장단기가 역전된 상황에서는 기준금리가 인하된다고 하더라도 실제 경기 하강이 확인되기 전까지는 장기 금리가 쉽게 하락하지 않거나 하락폭이 기대에 미치지 못할 수 있습니다. 때로는 금리 인하로 경제가 개선될 것으로 전망돼 오히려 상승할 수도 있습니다. 이미 장기 금리가 단기 금리보다 낮아져 있었기 때문입니다.

〈6-12〉는 미국의 장단기 금리 차이를 나타낸 것인데, 검은색 선이 음(-)의 영역으로 하락하여 역전 현상이 발생하면 어김없이 회색 막대로 표시된 경기 침체가 발생했습니다. 그래서 장단기 역전 현상을 경기 침체의 징후로 판단하는 경우가 많습니다.

하지만 〈6-12〉에서 타원으로 표시해놓은 2022년 이후에는 장단기 금리가 역전됐음에도 경기 침체가 바로 나타나지 않았습니다. 정부에서 재정정책을 적극적으로 활용해 경기 침체를 막고 있기 때문입니다. 그러므로 단순한 금리 인하 기대로 장기 채권 ETF에 투자하는 것보다 장기 채권을 기초자산으로 하는 커버드콜 전략이 유효할 수 있습니다(이와 관련해서는 뒤의 '미국30년국채 커버드콜'에서 자세히 살펴보

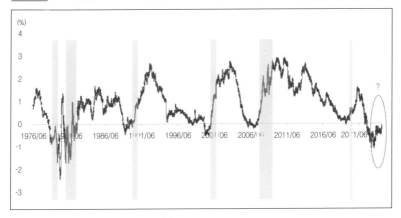

6-12 미국 10년만기 국채와 2년만기 국채 수익률 차이(장단기 스프레드) 추이

※ 회색 막대는 미국의 경기 침체 시기를 나타냄.
자료: 세인트루이스 미국 연방준비은행

겠습니다).

2008년 금융위기 후로는 통화정책을 통한 대규모 유동성 공급과 적극적인 정부 개입으로 19~20세기에 정립된 전통적인 경제학 이론과 경험을 적용하기가 어려워졌습니다.

DAY 6

08
미국30년국채 커버드콜

금리 하락이 예상될 때는 장기 채권을 매수하면 됩니다. 반대로 금리 상승이 예상되면 단기 채권을 선택합니다. 그런데 코로나 팬데믹으로 인한 경기 침체를 방어하기 위해 풀린 막대한 유동성과 인플레이션을 방어하기 위해 인상한 금리는 여러 가지 문제를 안고 있습니다. 자산 가격은 상승했는데 경제가 구조적으로 나아지지 않았기 때문입니다. 금리 인상은 선년 대비 물가 상승률을 안정시키는 데는 도움이 됐지만, 체감 물가는 여전히 높습니다. AI를 비롯한 일부 혁신 기술과 관련된 투자가 있었을 뿐입니다.

고금리로 누적된 피로감과 경기 둔화 우려는 '피벗(pivot)'이라고 불리는 통화정책 전환에 대한 논의로 이어집니다. 그러나 과거와 같은 제로금리를 기대할 수는 없습니다. 또다시 인플레이션이 일어날 것이기 때문입니다. 그렇다고 고금리를 유지할 수도 없습니다. 경기 침체가 두렵기 때문입니다. 결국 인하는 하는데 시간과 속도는 투자자들이 생각하는 수준보다 더딜 수 있습니다.

그러면 채권 가격은 아주 크지는 않은 변동성과 함께 장기 우상향을 기대할 수 있습니다. 이럴 때 적합한 ETF가 국채를 기초자산으로 한 커버드콜 ETF입니다.

국내에는 미국 국채를 기초자산으로 한 4개의 ETF가 상장되어 있습니다. ETF 명칭에 모두 '미국30년국채'라는 문구가 포함되어 있는데, 만기가 20년 이상 남은 국채들의 포트폴리오로 구성된 미국 상장 ETF 'iShares 20+ Year Treasury Bond(TLT ETF)'를 참고로 하기 때문입니다. 앞에서도 살펴봤지만 듀레이션은 17년 수준입니다.

주식 커버드콜 ETF처럼 채권 커버드콜 ETF도 콜옵션 매도 방식에 따라 크게 세 가지 종류가 있습니다. 'SOL 미국30년국채커버드콜'과 'RISE 미국30년국채커버드콜'은 미국 선물·옵션 만기일인 매월 세 번째 금요일에 TLT ETF 가격보다 2% 높은 행사가격의 Monthly 콜

6-13 채권 커버드콜 ETF

ETF명	코드	콜옵션 행사가격	옵션 주기	전략
SOL 미국30년국채커버드콜 (합성)	473330	+2% OTM	Monthly	매도비율 100%
RISE 미국30년국채커버드콜 (합성)	472830	+2% OTM	Monthly	매도비율 100%
TIGER 미국30년국채프리미엄액티브(H)	476550	ATM	Weekly	매도비율 30%
KODEX 미국30년국채타겟커버드콜 (합성 H)	481060	ATM	Weekly	+12% 목표 프리미엄

자료: 한국거래소, 각 운용사 홈페이지, 지수 방법론

옵션을 매도하고 프리미엄을 수취합니다. TLT, 즉 미국 만기 20년 이상 국채 포트폴리오의 특정 만기일부터 다음 만기가 도래하는 한 달간 2% 상승까지는 채권 커버드콜 ETF 가격도 상승합니다. 그러나 2% 이상의 상승에는 참여하지 않습니다. 그 대신 콜옵션 매도로 얻은 프리미엄을 월분배의 재원으로 사용합니다. 그리고 그다음 만기까지 또 다른 한 달간 2%의 가격 상승은 참여합니다. 이런 구조가 매월 반복되는 상품입니다. 다만 환율 변화에 노출되어 있기에 환율이 상승하면 추가 수익을 얻을 수 있으며, 하락하면 손실이 반영될 수 있습니다.

'TIGER 미국30년국채프리미엄액티브(H)'는 '(H)'로 확인할 수 있듯이 환율 변동이 헤지되어 있습니다. 기초지수 'KEDI 미국30년국채 위클리커버드콜30'이라는 명칭에서 알 수 있듯이 TLT ETF를 기초자산으로 한 Weekly 콜옵션을 매도하는데, 기초자산의 30%만큼만 매도합니다.

이때 30%를 매도비율이라고 합니다. 70%의 기초자산은 노출되어 있으므로 기초자산 가격에 연동되는 구조입니다. 매도한 콜옵션은 ATM(등가격)으로 OTM(외가격) 옵션보다 수취하는 콜옵션 프리미엄이 높습니다. 따라서 OTM 100%를 매도한 커버드콜의 옵션 프리미엄과 ATM 콜옵션 30%를 매도하여 수취하는 프리미엄이 유사할 수 있습니다.

'KODEX 미국30년국채타겟커버드콜(합성 H)'은 Weekly 옵션을 매도하는데 매도비율이 고정되어 있지 않습니다. 매도한 Weekly 옵션의 연간 프리미엄 합계가 +12%의 목표 프리미엄이 되도록 조정되

TLT 콜옵션 매도 30%

만기 20년 이상 미국 국채 100%

기 때문입니다. TLT ETF는 시기마다 다를 수 있지만 최근 1~2년 기준으로는 20~40% 수준의 콜 옵션을 매도하면 연간 +12% 수준의 프리미엄을 수취할 수 있는 것으로 알려져 있습니다.

기초자산 가격이 급등락하는 시기라면 커버드콜 전략은 적합하지 않습니다. 상승은 제한적인데 하락은 콜 프리미엄만큼만 방어가 되고 대부분 연동하기 때문입니다. 그러나 앞에서 언급했듯이 크지 않은 변동성과 장기 우상향이 기대되는 기초자산이라면 커버드콜 전략을 매수해볼 수 있습니다. 단, 보유 기간이 길수록 이기는 투자가 될 것입니다.

09

세상 편한 ETF 투자, 만기매칭형

채권 ETF 중 명칭에 '24-12' 또는 '25-11'과 같이 숫자가 포함된 ETF 가 있습니다. 이런 종류를 '만기매칭형'이라고 하는데, 예컨대 '25-11' 은 ETF가 보유한 채권의 만기가 2025년 11월이라는 의미입니다. 만 기매칭형 ETF는 설정할 당시 매수한 채권을 만기 전 공시한 기간까지 보유하며 추가로 사거나 팔지 않는 전략입니다. 매매를 통해 추가 수 익을 추구하는 일반 채권형 ETF와는 차이가 있습니다. 또 중도해지를 하면 가입할 때 게시된 이자율을 보장받지 못하는 은행 정기예금과도 다릅니다. 중도에 팔 수 있으며, 보유 기간에도 안정적인 수익률을 제 공하기 때문입니다.

만기매칭형 ETF에 투자할 때 알아야 할 개념이 있는데 앞서 간단 히 언급한 '만기수익률'입니다. 영어로는 YTM(Yield To Maturity)이라 고 하며, 매수한 채권을 만기까지 보유할 때 기대할 수 있는 수익률을

채권형 ETF와 정기예금 비교

	만기매칭 ETF	일반 채권 ETF	은행 정기예금
운용	×	O	×
만기	O	×	O
원금보장	×	×	O
중도해지	O	O	×

1년으로 환산(연환산)한 기대수익률입니다. 여기서 만기수익률은 보수와 세금을 차감하기 전 수익률입니다. 만기수익률과 듀레이션은 해당 ETF 홈페이지에서 조회할 수 있습니다.

만기매칭형 ETF는 게시된 만기수익률을 염두에 두고 매수 후 만기까지 보유한다는 생각으로 투자하면 마음 편한 상품이라고 할 수 있습니다.

6-16 만기매칭 채권 ETF

ETF명	코드	만기수익률 (%)	듀레이션 (년)	포트폴리오
KODEX 25-11 은행채(AA-이상)PLU 액티브	476810	3.29	1.65	신용등급 AAA 은행채에 주로 투자
TIGER 25-10 회사채 (A+이상)액티브	453540	3.50	1.06	A+등급 이상 우량 회사채에 주로 투자
RISE 25-03 회사채(AA-이상)액티브	464540	3.41	1.24	AA- 이상 은행채, 회사채 등에 투자
ACE 26-06 회사채(AA-이상)액티브	461270	3.42	1.81	
SOL 25-09 회사채(AA-이상)액티브	462540	3.55	1.25	

※ 2025년 이후 만기가 도래하는 상품들임.
자료: 각 ETF 홈페이지, 운용사별 순자산 상위 ETF(기준일: 2024.7.25)

DAY 6

_____
_____
_____

퀀트 투자

- 사람의 판단이나 감정을 배제하고 숫자만으로 투자하는 방법을 퀀트 또는 팩터 투자라고 합니다.
- 성장(Growth): 이익성장률을 기반으로 높은 숫자에 투자합니다.
- 가치(Value): PER, PBR 등 가치평가를 기반으로 낮은 숫자에 투자합니다.
- 저변동(Low Volatility): 변동성이 낮은 종목에 투자합니다. 일반적으로 우량주(퀄리티 주식)에 해당합니다.

시장에서는

- 퀀트 투자를 장기간 유지하면 성과는 시장 대비 우수합니다.
- 그러나 투자자들에게 인기가 없어서 순자산이 작습니다.

채권의 가치평가

- 채권은 은행 정기예금처럼 정해진 미래에 이자와 원금을 받는 유가증권입니다.
- 이자와 원금을 현금흐름이라고 합니다.
- 기간별 현금흐름을 시장 이자율로 나누어 현재가치로 평기합니다.
- 그러므로 분모인 이자율이 상승하면 채권 가격은 하락하고, 이자율이 하락하면 채권 가격은 상승합니다.

듀레이션

- 채권에는 만기가 있습니다.
- 채권 만기를 기간별 현금흐름을 기준으로 가중 평균한 만기를 듀레이션 (Duration)이라고 합니다.
- 듀레이션이 길수록 금리 변화에 따른 채권 가격의 변화율이 커집니다.
- 만기와 듀레이션이 비례하기 때문에 금리가 변화할 때 장기 채권의 가격 변화가 단기 채권보다 큽니다.

채권 투자 전략

- 경제 상황과 금리 방향에 따라 전략을 구분할 수 있습니다.
- 경제 상황이 나빠지면 회사채보다 국채가 선호됩니다.
- 금리가 하락하면 장기 채권이 단기 채권보다 가격 상승이 높습니다.

이색적인 채권 ETF

- 미국 장기 채권을 기초로 한 커버드콜 ETF가 상장되어 있습니다. 금리가 매우 천천히 우하향할 때 유리합니다.
- ETF 이름에 숫자가 있는 상품은 만기매칭형입니다. 만기가 되면 상장폐지되며 투자한 원금과 수익금을 돌려줍니다.
- 예를 들어 '25–10'이 있으면 2025년 10월 만기인 채권들로 구성된 ETF입니다. 청산 시까지 보유한다면 투자 시점의 만기수익률을 실현할 수 있습니다.

DAY 6

나만의 ETF
포트폴리오 만들기

ETF로 퇴직연금 굴리기

우리나라 연금제도는 크게 국민연금, 개인연금, 퇴직연금으로 나눌 수 있습니다. 이 세 가지를 층층이 쌓은 것을 '3층 연금 구조'라고 하는데 국민연금은 제외하고 나머지 두 가지 연금제도를 살펴보고자 합니다. 개인연금은 연금저축 계좌를 통해 일정 기간 납입한 후, 연금 형태로 인출할 때 연금소득으로 분류되어 과세되는 세제혜택 금융상품을 이야기합니다. 연금저축 계좌는 연금저축펀드(자산운용사), 연금저축보험(보험사), 연금저축신탁(은행)으로 구분되는데 ETF는 펀드이므로 연금저축펀드에 해당합니다. 퇴직연금은 근로자의 퇴직금을 재원으로 회사가 운용하는 DB(Defined Benefit, 확정 급여)형과 근로자가 직접 운용하는 DC(Defined Contribution, 확정 기여)형으로 구분되며, 퇴직 후 연금 또는 일시금으로 받을 수 있는 제도입니다. 개인형 퇴직연금(Individual Retirement Pension, IRP)은 이직 또는 퇴직할 때 받은 퇴직금을 적립하거나 추가 납입한 자금을 만 55세 이후 연금화할 수 있는 제도입니다. ETF 투자는 근로자가 직접 운용하는 DC와 IRP 계좌에서 활용할 수 있습니다.

이제 나도 ETF 펀드매니저

일반 포트폴리오 전략은 앞에서 이야기한 퇴직연금 ETF 포트폴리오와 다르지 않습니다. 그대로 사용해도 무방합니다. 다만 포트폴리오와 투자 성격의 다양성을 반영하기 위하여 몇 가지 사나리오를 준비했습니다.

지금까지 소개한 ETF 숭에서 자신이 살 아는 분야이거나 관심이 너 가는 상품이 있을 것입니다. 그 상품을 조금 더 깊이 공부하고 나서 행동에 나선다면, 투자라는 것이 아주 편안한 일임을 체험하게 될 것입니다. 주변의 소음이나 맥락 없는 돌발 이벤트에 휘둘리느라 정신이 산만해질 일이 없을 테니까요.

미래에 어떤 일이 일어날지는 누구도 알 수 없죠. 사실 그렇기에 금융상품에 투자도 할 수 있는 거고요. 당장 내일 무슨 일이 일어날지를 걱정해야 하는 투자보다 기준점을 자신에게 두고 출발하는 건 어떨까요? 몇 가지 시나리오에 따라 포트폴리오를 구성하는 연습을 해보겠습니다.

퇴직연금,
제도부터 이해하자

세제혜택이 있는 개인연금이나 퇴직연금 DC·IRP 계좌는 연간 납입 한도가 1,800만 원입니다. 납입액 중 개인연금 연 600만 원, IRP 계좌와 합산해서는 연 900만 원까지 세액공제가 됩니다. 세액공제율은 총급여 5,500만 원 이하 또는 종합소득금액 4,500만 원 이하일 때 16.5%가 적용되며 그 외에는 13.2%가 적용됩니다. 세액공제 최대 금액 900만 원을 기준으로 13.2%를 적용받으면 1,188,000원, 16.5%면 1,485,000원을 연말정산 때 세액공제 받을 수 있습니다.

세액공제 한도가 900만 원이지만 가능하면 납입 한도 1,800만 원까지 활용하는 것이 절세에는 도움이 됩니다. 일반 계좌에서 ETF를 운용하면 매매차익(국내 주식에 투자하는 ETF는 비과세)과 분배금에 대하여 15.4%의 배당소득세를 매기는데, 연금 계좌는 연금 수령 시까지 매매차익과 분배금에 대하여 과세가 이연됩니다. 그리고 연금으로 수령하

퇴직연금 DC · IRP 계좌 투자 제한

위험자산*	레버리지/인버스	선물	합성	파생형**
최대 70%	X	X	O	X

* 위험자산: 주식과 주식 관련 집합투자증권에 40%를 초과하여 투자하는 ETF
** 파생형: 위험 평가액 40% 이상

면 연금소득세 3.3~5.5%만 과세됩니다(다만 연금 형태 외의 수령일 경우에
는 16.5%의 기타소득세율이 적용될 수 있으며 세법 개정으로 변동될 수 있으니 은
행, 증권사 등의 판매사와 상담할 필요는 있습니다).

참고로, 퇴직연금 DC·IRP 연금 계좌에서 투자가 제한되는 상품들
이 있습니다(〈7-1〉 참조). 먼저 국내에 상장된 ETF에만 투자할 수 있습
니다. 미국 거래소에 상장된 ETF에는 투자할 수 없다는 의미입니다.
레버리지·인버스 ETF와 선물에 투자하는 ETF도 투자가 불가능합니
다. 주식과 주식 관련 집합투자증권에 40%를 초과하여 투자하는 ETF
는 적립금의 70%까지만 투자할 수 있습니다.

다시 설명하면, 국내에 상장된 ETF 중 국내 또는 해외 주식에 투자
하는 ETF는 퇴직연금 적립액의 70%까지만 투자할 수 있습니다. 나머
지 30%는 채권형 또는 채권혼합형(주식 30% 편입) 등의 ETF로 채워야
합니다. 레버리지와 인버스에는 투자할 수 없으며, ETF명에 '선물'이
나 '(파생)'이 포함돼선 안 됩니다. 다만 '(합성)'이라고 기재되어 있는
ETF에는 투자할 수 있습니다.

02

인생 주기에 맞추는
연금 투자, TDF

퇴직연금에서 가장 유명한 투자 상품은 TDF입니다. 특정 펀드의 이름이 아니라 퇴직연금에 맞춰진 펀드의 형태를 말합니다. 'Target Date Fund'의 약자인데, 은퇴하는 시점에 맞추어 위험자산과 안전자산의 비중을 자동으로 조정하는 자산배분형 펀드를 말합니다. 이때 위험자산과 안전자산의 비중에 대한 안내선을 '글라이드 패스(glide path)'라고 합니다. 비행기가 착륙하는 과정을 인용한 것입니다.

TDF 투자 상품을 보면 상품명에 '2050' 또는 '2030'처럼 숫자가 붙어 있습니다. TDF가 설계한 은퇴 연도를 가리키는 것으로 '빈티지(vintage)'라고 부릅니다. 포도주에서 포도를 수확한 해를 일컫는 말을 금융상품에 인용한 것입니다. 예를 들어 TDF2050은 2050년 은퇴가 예상되는 30대가 가입하는 상품으로, 가입 시점에는 위험자산(주식) 비중이 높은데 시간이 지나면서 안전자산(채권)으로 자동 배분됩니다.

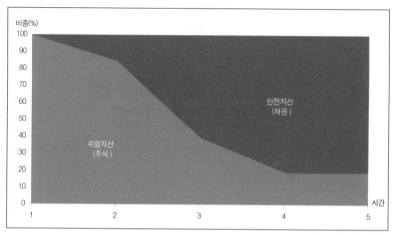

비중(%)

위험자산
(주식)

안전자산
(채권)

시간

자료: 미래에셋자산운용 TDF 참고

TDF2030은 은퇴가 얼마 남지 않은 50대가 가입하는 것으로 안전자산 비중이 높게 배분되어 있습니다.

TDF는 공모펀드이므로 은행이나 증권회사에서 가입하는 것이 일반적입니다. 2022년에 13개의 TDF가 액티브 ETF의 형태로 상장됐는데, 순자산이 크게 성장하지는 못했습니다. ETF로 상장된 TDF는 KODEX TDF 2030·2040·2050, RISE TDF 2030·2040·2050, 히어로즈 TDF 2030·2040·2050, PLUS TDF 2030·2040·2050·2060이 있습니다.

TDF가 ETF시장에서 크게 성장하지 못한 것은 포트폴리오가 선진국 또는 글로벌 주식시장에 투자하는 MSCI WORLD(주식)와 같은 대표지수와 국고채10년 등으로 구성되어 있어서, 명확한 투자 포인트를 요구하는 투자자들의 선택을 받지 못했기 때문입니다. 또 유튜브 등

미디어 콘텐츠가 많아져서 개인 투자자 스스로 공부하고 포트폴리오를 구성하여 운용하는 것이 추세가 되고 있기 때문이기도 합니다.

한국 시장에서 TDF를 이야기할 때 논란이 되는 것 중 하나는 '글라이드 패스'를 따르는 원칙입니다. TDF는 미국의 퇴직연금시장에서 성장한 투자 상품으로, 설계 단계부터 장기적으로 우상향하는 미국 주식시장을 가정합니다. 하지만 미국 주식지수를 제외한 다른 자산들은 거시경제 환경에 따라 방향을 달리하는 경우가 드물지 않습니다. 만약 투자자산이 지속 상승하지 않는데 기존 TDF 설계대로 초기에 주식에 큰 비중을 투자했다가 손실이 난 상태에서 주식 비중을 줄이면, 손실이 확정되고 회복이 불가능할 수 있습니다.

내가 만드는
퇴직연금 TDF

ETF를 사용하여 은퇴 준비를 할 수 있습니다. 앞서 살펴봤듯이 주식형 ETF는 퇴직연금 적립액의 70% 이하로 구성해야 합니다. TDF에서 강조하는 글라이드 패스, 즉 위험자산 조정은 시간에 의존하는데 이를 투자자 스스로 결정할 수 있습니다. 하지만 원칙을 세우고 지키는 것은 투자에서 매우 중요합니다.

퇴직연금의 성격을 생각하며 현실적인 원칙 다섯 가지를 정리해봤습니다.

- 첫째, 본인의 투자 성향을 정합니다. 공격형, 중립형, 안정형 세 가지입니다. 예를 들어 주식 등의 위험자산 비중을 공격형은 70%, 중립형은 50%, 안정형은 30%로 합니다. 반대로 채권 등 안전자산은 30%, 50%, 70%입니다. 위험자산 비중의 조정은 현

재시점부터 투자자 본인의 은퇴 예상 시점을 기준으로 3분의 1
씩 배분합니다. 또는 변경하지 않는 것도 좋은 대안이 됩니다.

- 둘째, 주식 ETF 포트폴리오를 구성할 때는 각 국가의 시장을 대
  표하는 지수를 50% 이상의 비중으로 합니다. 예를 들어 위험 중
  립형으로 주식 자산에 50%를 투자한다면 S&P500, 코스피 같은
  대표지수를 전체 자산의 25%(50%×50%=25%) 이상 투자합니다.

- 셋째, 장기 투자 원칙을 지킵니다. 친구 이야기를 듣고 단기 매
  매를 하는 것은 퇴직연금의 성격과 맞지 않습니다. 일반적인 투
  자를 한다고 하더라도 성공 확률이 낮고 들여야 하는 시간과 노
  력, 거기에 스트레스까지 생각하면 하지 않는 것이 좋습니다. 앞
  에서 정한 위험자산 비중과 대표지수는 가능하면 매매하지 않고
  끝까지 유지하는 것이 좋습니다.

- 넷째, 전략(테마) ETF는 공부해서 편입합니다. 주위 사람이 권하
  거나 뉴스에서 정보를 얻었더라도 본인이 직접 공부한 후 매수
  합니다. 그래야 인내할 수 있습니다. 최소 1분기 이상 투자하지
  않을 ETF는 편입하지 않습니다.

- 다섯째, 매매 원칙입니다. 손실 제한 기준을 정하고 기계적으로
  실행하는 것이 중요합니다. 예를 들어 '-10%면 매도한다'라는
  원칙을 세울 수 있을 것입니다. 이를 손절매(stop loss)라고 하죠.
  이때는 본인을 설득하려 하면 안 됩니다. 본인이 합리적이라고
  하더라도 시장은 합리적이지 않을 수 있습니다. 투자의 목적은 수
  익률이지 철학을 실현하는 것이 아닙니다. 손실률을 줄이기 위한

DAY 7

추가매수, 이른바 '물타기'는 하지 않습니다. 주식시장 구루 중 한 명인 윌리엄 J. 오닐(William J. O'Neil)은 '손실 나는 투자는 빨리 정리하고, 이익 나는 투자는 장기 보유하라'라고 강조했습니다. 모든 투자자가 귀담아들어야 하는 원칙입니다. 일반적으로 사람들은 손실 나는 투자는 인내하고, 이익은 서둘러 실현하기 때문입니다.

공격형 투자자를 위한 TDF를 ETF 포트폴리오로 만들어보겠습니다. 70%의 주식 포트폴리오를 위해 글로벌 주식시장의 국가별 시가총액을 기준으로 구성한 MSCI ACWI(All Country World Index)의 국가별 비중을 참고하겠습니다.

★ MSCI ACWI 지수의 미국 비중은 64.5%이지만 단순화를 위해 70%로 계산했음.

시가총액 비중을 참고하여 미국 주식에 투자하는 ETF를 50%(70%×70%=49%)★로 하고, 국내 수식에 투자하는 ETF를 20%로 하면 글로벌 지수 비중과 함께 국내에 거주하는 투자자를 고려한 적합한 비중이 됩니다. 그리고 앞서 언급한 원칙대로 각 국가 주식 ETF의 절반씩은 대표지수로 구성하면 미국 주식 50% 중 25%는 S&P500 ETF로, 국내 주식 20% 중 10%는 코스피200 ETF에 투자하게 됩니다.

7-3 MSCI ACWI 국가 비중 　　　　　　　　　　　　　　　　　(단위: %)

미국	일본	영국	캐나다	프랑스	기타
64.50	5.31	3.43	2.71	2.54	21.51

자료: MSCI ACWI Factsheet(2024년 7월)

공격형				중립형				안정형		
	ETF	비중 (%)			ETF	비중 (%)			ETF	비중 (%)
주식 70%	S&P500	25.0	주식 50%		S&P500	20.0	주식 30%		S&P500	10.0
	미국 AI밸류체인	10.0			미국 AI밸류체인	7.0			미국 AI밸류체인	5.0
	미국 비만 또는 글로벌 바이오	10.0			미국 비만 또는 글로벌 바이오	5.0			미국 비만 또는 글로벌 바이오	5.0
	테슬라	5.0			테슬라	3.0				
	코스피200	10.0			코스피200	8.0			코스피200	5.0
	K방산	5.0			K방산	3.5			K방산	2.5
	자동차	5.0			자동차	3.5			자동차	2.5
채권 30%	단기 국공채	15.0	채권 50%		단기 국공채	25.0	채권 70%		단기 국공채	35.0
	단기 회사채	5.0			단기 회사채	10.0			단기 회사채	12.5
	미국 장기 국채	10.0			미국 장기 국채	15.0			미국 장기국채	22.5

※ 포트폴리오별 ETF는 지금까지 제시한 표 또는 HTS나 MTS 창에서 선택하면 됩니다.

이제 전략 주식 ETF를 선정합니다. 이 부분은 개인별 선호에 따라 다를 수 있지만 이 책에서 살펴본 테마형 ETF를 예시로 선정해보겠습니다. 미국 주식 AI 밸류체인 ETF 10%, 미국 비만 또는 글로벌 바이오 ETF 10%, 테슬라 ETF 5%, 그리고 국내 주식은 K방산 5%와 자동차 5%로 구성합니다.

채권 30% 비중도 절반인 15%는 단기 국공채 ETF로 하고, 5%는 단기 회사채 ETF 그리고 10%는 미국 장기 국채 ETF로 구성합니다. 그러면 채권 포트폴리오의 20%는 국내 단기 채권이 되고 10%는 미국 장기 국채가 되어, 듀레이션과 신용등급 그리고 국가 배분이 이루어집니다.

이처럼 10개의 ETF로 전문가의 설계에 버금가는 포트폴리오를 만들 수 있습니다. 그러고 나서 투자 성향별로 주식(위험자산)과 채권(안전자산) 비중을 조정하면 됩니다. 글라이드 패스, 즉 은퇴 시기가 다가오는 데 따른 자산배분은 선택입니다. 다만 사전에 자산배분의 원칙만 정해놓고 지키면 됩니다. 처음부터 끝까지 동일한 비중을 유지하는 것도 임의로 변경하는 것보다는 좋은 전략이 됩니다. 다시 한번 강조하지만 위험 설계, 글라이드 패스, 포트폴리오 이론, ETF 선택보다 중요한 것은 원칙을 지키는 것입니다.

04

단기 하락을
인내할 수 있다면

공격형 투자자를 가정하여 설계해보겠습니다. 장기적인 추세에 투자하는 포트폴리오로, 단기적인 하락은 인내할 수 있는 투자자를 위한 설계입니다. 자산배분 비중은 주식 ETF 70%와 채권 ETF 30%의 공격형 투자자 비중을 유지합니다. 상대적으로 변동성이 큰 주식형 또는 장기 채권 ETF를 매매할 때는 세 번 정도 나누어 매수하고 매도하는 분할 매매 전략도 평정심을 유지하는 데 도움이 됩니다.

퇴직연금과 마찬가지로 주식 부문의 절반은 대표지수로 구성합니다. 다만 미국은 S&P500과 나스닥100을 함께 투자합니다. 전략 주식 ETF는 시간의 흐름에 따라 변화할 수 있으니 세상의 변화 또는 자본시장의 흐름에 꾸준히 관심을 두고 공부해야 합니다.

경제가 나빠지는 시기에는 주식 ETF가 하락할 수 있습니다. 그러면 장기 금리가 하락하면서 듀레이션이 긴 장기 채권 ETF의 가격이 상승

7-5 '인내할 수 있다' 포트폴리오 (단위: %)

대표지수 ETF			전략 주식 ETF					채권 ETF		
미국		한국	미국/글로벌			한국		한국	미국	
S&P 500	나스닥 100	코스피 200	AI 밸류 체인	미국비만 또는 글로벌바이오	테슬라	K방산	자동차	장기 국채	장기 국채	하이 일드
15	10	10	10	10	5	5	5	10	10	10

※ 포트폴리오별 ETF는 지금까지 제시한 표 또는 HTS나 MTS 창에서 선택하면 됩니다.

할 수 있습니다. 이렇게 자산 간 배분으로 수익률을 일부 방어할 수 있
는데 이를 '자산배분 효과'라고 합니다.

05

배당을 받으며
잠을 잘 자고 싶다면

'SWAN'이라는 표현이 있습니다. 'Sleep Well At Night(밤에 잠을 잘 잔다)'라는 말의 첫 글자를 따 만든 일종의 신조어입니다. 워런 버핏의 동반자였던 찰리 멍거(Charlie Munger)도 잠을 잘 자는 투자를 해야 한다고 조언했습니다. 마음이 편한 투자를 해야 한다는 의미입니다.

투자자마다 기준은 다를 수 있지만, 포트폴리오의 다양성 관점에서 배당 ETF 포트폴리오를 설계했습니다. 투자 성향은 주식형에 70%를 배분하는 공격형 투자자를 가정했는데, 성향에 따라 중립형(50%) 또는 안정형(30)으로 배분해도 됩니다.

ETF의 배당수익률과 만기수익률에 편입 비중을 곱하여 계산한 포트폴리오 배당수익률은 2.96%입니다. 코스피200지수의 배당수익률이 2.02%이고 특별배당을 제외한 S&P500의 배당수익률이 1.36%임을 생각하면 높은 수준입니다.

DAY 7

구분	대표지수 ETF			전략 주식 ETF				채권 ETF	
	미국		한국	미국/글로벌		한국		한국	미국
ETF 기초지수	S&P 500	다우존스 30	코스피 200	미국배당 다우존스	S&P500 배당귀족	고배당	부동산 리츠	단기 국채	장기 국채
비중	15	10	10	10	15	5	5	15	15
배당*	1.36	1.85	2.02	3.75	2.39	3.45	7.00	3.23	4.17

* 배당: 배당수익률과 채권 만기수익률
자료: 각 지수 Factsheet와 홈페이지

편입하는 ETF는 〈7-6〉에서 제안된 기초지수가 적용된 ETF 중 거래량과 보수 등을 고려하여 선택하면 되는데, MTS나 HTS 같은 주식 거래 시스템에서 기초지수를 키워드로 입력하면 쉽게 찾을 수 있습니다.

06

복리라는 선물,
매월 용돈이 필요하다면

월배당 ETF의 인기가 높아지고 있습니다. 매월 초 통장에 현금이 입금되는 것을 확인할 수 있어 제2의 월급이라는 별명도 있습니다. 입금된 현금은 보유한 포트폴리오에 재투자할 수 있으며, 다른 ETF를 매수하거나 용돈으로 쓸 수도 있습니다. 입금된 현금을 재투자해야 하는 번거로움이 있지만, 매월 현금이 들어으므로 투자에 대한 안정감을 느끼는 투자자들이 많습니다.

월배당 ETF에서는 분배율이 높다고 가격수익률을 포함한 총수익률이 높은 것은 아니라는 점을 주의해야 합니다. 오히려 분배율이 높을수록 주식이나 채권 등의 기초자산 가격 상승에 참여하는 비율이 제한적일 수 있습니다.

⟨7-7⟩, ⟨7-8⟩, ⟨7-9⟩는 기초자산의 가격 상승에 일부 참여하는 ETF 중심으로 설계한 포트폴리오입니다. 커버드콜 ETF가 많은데 기초자

월배당(분기 포함) 미국 주식형 ETF 포트폴리오

ETF명	코드	주식 부문 기초지수	성격 (분배 주기)	연분배율 (%)
TIGER 미국배당다우존스 커버드콜2호	458760	다우존스미국배당 100	커버드콜(월)	10.55
KODEX 미국S&P500 배당귀족커버드콜(합성 H)	276970	미국S&P500배당 귀족	커버드콜(분기)	6.24
KODEX 미국AI테크TOP10 타겟커버드콜	483280	KEDI미국AI테크 TOP10	커버드콜(월)	18.68
SOL 미국배당다우존스	446720	다우존스미국배당 100	배당주(월)	3.57
ACE 미국500데일리 타겟커버드콜(합성)	480030	블룸버그미국500 대형주	커버드콜(월)	14.46

※ 연분배율: 상장한 지 1년이 안 되는 ETF는 연초 이후 분배율을 연율화함.

7-8 월배당 국내 주식형 ETF 포트폴리오

ETF명	코드	주식 부문 기초지수	성격 (분배 주기)	연분배율 (%)
RISE 200위클리커버드콜	475720	코스피200	커버드콜(월)	13.38
RISE 200고배낭커버드콜ATM	290080	코스피200 고배당	커버드콜(월)	8.45
TIMEFLIO Korea플러스배당액티브	441800	코스피200	주식(월)	6.53
TIGER 리츠부동산인프라	329200	Fn리츠부동산 인프라	리츠(월)	7.25
TIGER 은행고배당플러스TOP10	466940	Fn은행고배당 TOP10	주식(월)	5.41

산 가격 상승에 참여하는 방법도 매도비율을 낮추거나 ATM 콜옵션이 아닌 OTM 콜옵션을 매도하는 등 다양합니다. 따라서 ETF별로 해당 운용사 홈페이지 또는 투자설명서를 확인하길 바랍니다.

월배당 채권형 ETF 포트폴리오

ETF명	코드	성격 (분배 주기)	투자 국가	연분배율 (%)
SOL 미국30년국채커버드콜(합성)	473330	커버드콜(월)	미국	11.98
TIGER 미국30년국채프리미엄액티브(H)	476550	커버드콜(월)	미국	12.75
ACE 미국하이일드액티브(H)	455660	ETF 포트폴리오(월)	선진국	6.35
RISE 금융채액티브	336160	채권(월)	국내	4.49
RISE 미국30년국채엔화노출(합성 H)	472870	통화(엔화/월)	미국	2.72

앞서 제시한 투자자 성향별 자산배분 비중을 고려하여 상기 유형별 ETF를 사용하면 투자자 개인에게 맞는 월배당 ETF 포트폴리오를 설계할 수 있습니다. 〈7-10〉, 〈7-11〉에서 두 가지 예를 제시하겠습니다.

시장은 변화하고 새로운 ETF도 매월 상장됩니다. 원칙을 지키며 장기 투자하는 것이 가장 중요하지만 자산관리에 꾸준히 관심을 갖는 자

7-10 월배당 포트폴리오 A

구분	ETF	비중 (%)	분배 주기	성격	연분배율 (%)
미국 주식	TIGER 미국배당다우존스커버드콜2호	20	월	커버드콜	10.6
	KODEX 미국S&P500배당귀족커버드콜 (합성 H)	20	분기	커버드콜	6.2
	KODEX 미국AI테크TOP10타겟커버드콜	15	월	커버드콜	18.7
국내 주식	RISE 200위클리커버드콜	8	월	커버드콜	13.4
	TIMEFLIO Korea플러스배당액티브	7	월	주식	6.5
채권	SOL 미국30년국채커버드콜(합성)	20	월	커버드콜	12.0
	TIGER 미국30년국채프리미엄액티브(H)	10	월	커버드콜	12.8
합계		100			11.4

DAY 7

나만의 ETF 포트폴리오 만들기 | |

구분	ETF	비중 (%)	분배 주기	성격	연분배율 (%)
미국 주식	SOL미국배당다우존스	20	월	주식	3.6
	ACE 미국500데일리타겟커버드콜(합성)	20	월	커버드콜	14.5
	KODEX 미국AI테크TOP10타겟커버드콜	15	월	커버드콜	18.7
국내 주식	RISE 200고배당커버드콜ATM	8	월	커버드콜	8.5
	TIGER 리츠부동산인프라	7	월	리츠	7.3
채권	RISE 미국30년국채엔화노출(합성 H)	20	월	통화	2.7
	SOL 미국30년국채커버드콜(합성)	10	월	커버드콜	12.0
합계		100			9.3

세도 필요합니다. 공부가 그렇듯이 투자에도 지름길은 없는 것 같습니다. 받은 분배금을 재투자한다는 전제하에 꾸준한 공부와 관심으로 정기예금보다 조금 더 높은 수익률을 목표로 오랫동안 관리하다 보면, 목적한 시간에 눈덩이처럼 불어난 복리라는 선물을 받을 수 있으리라고 생각합니다.

자녀에게 꿈과 안정을
선물하고 싶다면

어린이펀드는 있는데 어린이 ETF는 없습니다. 자녀를 위해 증권 계좌를 만들어 삼성전자 주식을 담아주는 부모님들도 계십니다. 최근에는 미국 빅테크 기업 주식을 담아주려는 분들의 상담을 받기도 했습니다. 어린 자녀에게 자본시장에 대한 공부도 시키고, 세상의 변화를 주도하는 빅테크 기업 주식을 사주면서 우리 아이가 더 나은 세상에서 더 나은 삶을 살길 바라는 부모의 마음을 담는 것입니다.

하지만 그 바람을 주식 한 종목에 모두 담는 건 마음만 설레는 투자가 될 수도 있습니다. 기업은 변화하고 경쟁은 가속되며 미래는 불확실합니다. 그럼에도 기술은 계속 발전할 것이고 더 나은 삶을 위한 연구 또한 이어질 것입니다. 방법은 역시 특정 기준과 방향성을 가지며 여러 종목에 분산투자 하는 ETF입니다. 연구·개발 그리고 기술의 발전과 방향을 같이하면서 리밸런싱을 통해 산업의 변화를 반영해주기 때문입니다.

자녀를 위한 포트폴리오를 설계해보겠습니다. 어린이 포트폴리오는 꿈과 희망을 담아야 하기 때문에 100% 주식형 ETF만 선택하기로 합니다. 또한 장기 투자를 가정하기 때문에 ETF를 선택할 때 섬세한 분석이 필요합니다. 꿈을 담은 포트폴리오와 균형을 담은 포트폴리오 두 가지를 만들고 섬세한 분석을 덧붙이겠습니다.

두 포트폴리오 중 선택은 아이의 몫으로 남겨두는 것이 어떨까요? 부모의 걱정보다 현명할 수 있습니다.

⑤ 꿈을 담은 포트폴리오

먼저 꿈을 담은 포트폴리오를 만들어보겠습니다. 업종은 IT, 헬스케어, 운송(자동차 등) 그리고 전력 생산과 관련된 유틸리티로 구성했습니다. 기술의 발전과 관련 인프라 그리고 건강하게 오래 살려는 인간의 꿈을 담아봤습니다.

7-12 꿈을 담은 포트폴리오

구분	AI				원자력	바이오		모빌리티	
전략 테마	AI 반도체	AI 소프트 웨어	AI 전력 인프라	온디바이스 AI	글로벌 원자력	안티에이징	헬스 케어	자동차	우주 항공
비중 (%)	10	10	10	10	10	15	15	10	10

AI는 밸류체인에 따라 반도체, 소프트웨어, 전력 인프라, 온디바이스로 구분했습니다. AI 반도체 ETF는 앞서 봤던 DAY 2의 〈2-4〉에서 예시한 ETF 중 선택하면 됩니다. 안타까운 이야기지만 한국 AI 반도체 주식에 투자하는 ETF보다는 미국에 상장된 AI 반도체 주식에 투자하는 ETF를 담는 것이 합리적입니다. AI 반도체의 핵심은 엔비디아가 제조하는 GPU이며, 삼성전자·SK하이닉스가 제조하는 HBM 반도체는 미국에 상장된 마이크론테크놀로지(Micron Technology, MU)도 제조 능력이 있기 때문입니다. 또 빅테크들의 자체 AI 반도체 칩을 위한 주문형 반도체(ASIC), 서버와 서버를 연결하는 통신 칩(네트워크 반도체), 장비도 미국의 브로드컴(AVGO), 마벨테크놀로지(Marvell Technology, MRVL) 그리고 아리스타네트웍스가 제조하기 때문입니다. 글로벌 비메모리 반도체 제조의 핵심 기업인 대만의 TSMC도 미국에 ADR(American Depository Receipt, 미국 예탁 증권)이라는 형태로 상장되어 있으니 대만 반도체에 별도로 투자할 필요도 없습니다.

AI 소프트웨어도 DAY 2의 〈2-6〉에서 제시된 ETF 중에서 선택하면 됩니다. AI 전력 인프라는 AI 반도체와 같이 한국 주식에 투자하는 ETF와 미국 주식에 투자하는 ETF로 나누어 볼 수 있는데, 역시 미국 주식에 투자하는 ETF를 선택하는 것이 장기적인 관점에 부합한다고 할 수 있습니다. 전력 인프라로 분류되는 한국 주식은 전기를 보내거나 배분하는 전력기기 제조 기업이 주를 이룹니다. 한국 전력기기 종목의 주가 상승 모멘텀 자체가 북미 지역의 노후화된 인프라 교체를 위해 수출하는 것입니다. 따라서 시간이 지나면 이익 증가율이 정점을

DAY 7

지날 수 있습니다. 하지만 미국의 전력 인프라 주식은 전력을 생산하고 운영하는 기업들이 중심입니다. 전력 부족의 원인이 되는 AI 서버 또는 데이터센터 대부분은 미국에 있습니다. 따라서 미국의 전력 인프라 테마는 장기간 지속될 가능성이 있습니다. 특히 'SOL 미국AI전력인프라(486450)'는 원자력 발전 밸류체인까지 포함하고 있어 장기 투자에 적합하다고 할 수 있습니다.

온디바이스 AI는 애플 아이폰의 밸류체인을 담은 'TIGER 글로벌온디바이스AI(480310)'와 삼성전자 갤럭시폰의 밸류체인을 담은 'BNK 온디바이스AI(487750)' 중 선택하면 됩니다.

원자력은 부족한 전력 공급의 대안으로 떠오르는 테마입니다. 석탄, 석유 등 화석연료를 기반으로 하는 전력 공급이 현재도 여전히 글로벌 전력 공급의 절반 수준을 담당하지만, 이산화탄소 배출 문제로 규제의 대상이 되어가고 있습니다. 친환경 에너지로 불리는 태양광 또는 풍력은 지역별 편차가 심하고 기상 환경에 따라 전력 생산량이 변하기 때문에 안정적이지 않습니다.

원자력 발전의 단점은 가열된 원자로를 식히는 냉각수가 필요하기 때문에 바다 또는 큰 강이 가까운 곳에 지어야 한다는 점이고, 또 위험하다는 인식도 있습니다. 하지만 이 두 가지 단점을 보완할 소형 모듈 원자로 개발이 진행되고 있습니다. 마이크로소프트 창립자 빌 게이츠와 오픈AI의 CEO 샘 올트먼 등 거물급 미국 테크 인사들까지 참여하고 있다는 점은 차세대 에너지로 기대할 수 있는 또 하나의 이유가 됩니다.

국내에는 'RISE 글로벌원자력(442320)', 'HANARO 원자력(iSelect, 434730)' 그리고 'ACE 원자력테마딥서치(433500)' 등 세 가지 ETF가 상장되어 있습니다. 명칭에서 알 수 있듯이 RISE ETF는 한국과 미국을 포함한 글로벌 종목에 투자하고, HANARO와 ACE는 국내에 상장된 원자력 관련 종목에 투자하는 상품입니다. 포트폴리오를 보면 글로벌 ETF가 국내 원자력 테마의 핵심인 두산에너빌리티와 HD현대일렉트릭 등도 모두 포함하고 있으니 글로벌에 투자하는 ETF를 선택하는 것이 효율적입니다.

바이오 업종은 비만과 알츠하이머(치매) 등 나이가 들면서 심각해지는 질병을 방지하는 안티에이징 테마와 헬스케어 업종 전체에 투자하는 업종 ETF 두 가지에 분산투자 하는 것이 전체 포트폴리오의 성장과 방어라는 관점에서 적합해 보입니다. 국내 제약과 바이오 업종의 기업들도 연구·개발을 비롯한 기술 수출 등의 성과를 올리고 있긴 합니다. 그렇지만 주식의 변동성까지 고려하면 아직은 빅파마로 불리는 글로벌 대형 제약사들이 포함된 해외 종목에 투자하는 ETF를 선택하는 것이 합리적입니다.

모빌리티 중 자동차 부분은 전기차와 수소차 등을 포함합니다. 이차전지와 부품주 또는 인프라 등의 밸류체인도 당연히 고려의 대상입니다. DAY 2의 '제네시스가 폭스바겐 넘는다면'에서 살펴봤듯이 현대자동차그룹을 중심으로 한 한국 자동차 업종에 투자하는 ETF의 포트폴리오가 성장성이 돋보입니다.

지금은 판매 증가율 둔화와 각종 우려로 둘러싸인 전기차 테마는 한국의 이차전지 ETF와 미국 테슬라 관련 ETF가 대상이 될 것입니다. 문제는 전기차 산업의 회복을 속단하기는 어렵다는 점입니다. 예상이 어려울 때는 분산투자가 대안이 됩니다. 전체 자동차 비중이 10%라고 한다면 한국 자동차 ETF 5%와 이차전지 2.5% 그리고 테슬라 관련 ETF 2.5%에 분산투자 합니다. 그리고 어느 한 분야의 성장성이 명확해지면 다른 분야의 비중을 줄여 성장하는 분야로 교체하면 됩니다.

모빌리티 구분에 우주항공을 편입했습니다. UAM(Urban Air Mobility)이라고 불리는 하늘을 나는 택시와 인공위성 등이 포함될 것입니다. 한국과 미국을 선택한다면 한국에 상장된 주식의 잠재 성장률이 높을 것으로 보입니다. 전투기와 우주항공 기술의 최고봉은 미국의 록히드마틴입니다. 하지만 미국의 기업들은 우량 기업에 해당합니다. 주식 투자는 성장하는 자산에 투자하는 것이라는 관점에서, 위대한 기업보다는 잠재 성장성이 좋은 한국 주식을 선택하겠습니다.

한화에어로스페이스, LIG넥스원, 한국항공우주 등 한국의 부상하는 메가 트렌드 K-방위산업의 주요 종목들이 인공위성을 포함한 항공우주 산업에서도 중요한 역할을 하고 있습니다. 따라서 이들 종목과 UAM 그리고 인공위성 관련 기업들이 핵심 종목으로 포함된 'PLUS K방산(449450)', 'TIGER 우주방산(463250)' 그리고 'SOL K방산(490480)' ETF 중에서 선택하면 됩니다.

⑤ 균형을 담은 포트폴리오

어린 시절 가장 많이 듣는 말은 "공부해" 외에 "골고루 꼭꼭 씹어 먹어라"입니다. '균형'은 모든 경제학 이론의 근본이며 삶에서도 중요한 부분을 담당합니다. 어린이들에게 선택을 맡겼을 때도 의외로 균형을 선택하는 친구들이 적지 않았습니다.

균형을 담은 포트폴리오는 시장을 대표하는 대표지수와 배당주 그리고 대표 전략 테마 지수로 구성하겠습니다(〈7-13〉 참조). 자산배분은 꿈을 담은 포트폴리오와 같이 주식형 100%를 유지합니다.

미국의 대표지수 S&P500과 나스닥100지수를 추종하는 ETF는 여러 개가 있습니다. 문제는 ETF 명칭 뒤에 '(H)'가 붙어 있는 환율 변동을 방어하는 ETF를 선택할 것인가 아니면 환율 변동에 노출되는 ETF를 선택할 것인가입니다. 전문가들 사이에서는 해외 자산에 투자할 때는 환율 변동을 헤지하지 않는 것이 일반적입니다. 해외 자산을 선택할 때는 해당 나라의 통화를 같이 매수한다는 관점입니다. 하지만 매수 시점의 환율 수준에 따라 일부 '(H)'형에 분산해서 투자하는 것도

DAY 7

7-13 균형을 담은 포트폴리오

구분	대표지수 ETF					배당주 ETF			
	글로벌				한국	미국		한국	
ETF 기초지수	S&P 500	나스닥 100	TOPIX 100	유로 스탁스50	코스피 200	미국배당 다우존스	S&P500 배당귀족	배당 성장	리츠
비중(%)	15	10	5	5	15	10	15	15	10

현명한 대안입니다. 원/달러 환율이 너무 높으면 '(H)'가 표시된 ETF 에 분산투자 하는 것이 안전합니다.

TOPIX100은 일본 도쿄증권거래소에 상장된 대표 종목 100개로 구성된 지수입니다. 도쿄증권거래소 전체 종목으로 구성된 TOPIX를 선택해도 무방합니다. Nikkei225지수를 추종하는 ETF를 선택하는 것 보다는 TOPIX(또는 TOPIX100)지수를 추종하는 ETF를 선택하는 것이 좋습니다. DAY 5의 '일본 Nikkei225 그리고 반도체'에서 살펴봤듯이, TOPIX는 시가총액이 큰 주식이 큰 비중을 구성하도록 산출되는 데 비해 Nikkei225는 시가총액이 아니라 단순히 가격을 기준으로 구성 하기 때문입니다. 가격을 기준으로 구성하면 대표 종목의 비중이 상대 적으로 작아지고, 시가총액은 작은데 상장된 주식 수가 적어서 가격은 높은 주식의 비중이 커집니다.

유로스틱스50(Euro stoxx50)은 유로화를 사용하는 국가들의 대표 종 목 50개로 구성된 지수입니다. ETF로는 'TIGER 유로스탁스50(합성 H)(195930)'이 있습니다. 유로스탁스50은 영국에 상장된 주식은 포함 하지 않습니다. '유럽'이 아니라 '유로화'를 사용하는 국가 기준이기 때문입니다.

유럽은 미국 S&P500지수와 유사하게 움직이기 때문에 편입하지 않고 일본 TOPIX를 10% 담아도 문제가 되지는 않습니다. 그러나 자 녀에게 유럽에 대해 알려주고 관심을 갖게 하려는 의도에서 편입했습 니다. 그냥 알고 있는 것과 나의 자산 중 일부가 투자되어 있는 것과는 관심의 정도가 달라지기 때문입니다.

한국 대표지수는 유가증권시장을 대표하는 200종목으로 구성된 코스피200을 선택했습니다. 한국 대표주에 관심을 갖게 하기 위해서입니다.

배당주 ETF 포트폴리오는 고배당과 배당성장의 균형을 고려했습니다. 지역별로 볼 때 미국에서는 고배당 성격의 '미국배당다우존스'와 배당성장의 'S&P500배당귀족' 지수를 선택했고, 한국에서는 '배당성장'과 고배당 성격의 '리츠'를 선택했습니다. 지수별 ETF는 DAY 3을 참고하여 선택하면 됩니다.

자본시장에 대한 개념과 실제 투자되는 자산에 대한 관심 그리고 세상의 변화에 대해 공부할 수 있는 동기가 투자에 따른 자산 증식과 함께 자녀에게 부여되리라고 생각됩니다. 자녀와 함께 투자를 비롯해 국내외 자산이나 역사에 대하여 이야기하려면, 당연하게도 부모가 먼저 공부해야 합니다. 그러면 저녁 식탁에서 나누는 대화의 차원이 달라질 것입니다.

DAY 7

미국 시장에 상장된 ETF 총정리

미국에 상장된 ETF를 종류별로 총자산 상위 5개씩 정리하겠습니다. 국내에도 미국에 상장된 주식을 기반으로 한 ETF가 많이 상장되어 있지만, 자본시장의 중심인 미국에 상장된 대표 ETF를 알아두면 관련 뉴스나 트렌드를 파악하는 데 도움이 될 것입니다. 참고로, etfdb.com 의 자료를 기반으로 정리했습니다.

주식 종류별: 시가총액, 커버드콜

〈7-14〉는 대형주 ETF입니다. SPY, IVV, VOO는 모두 S&P500지수를 추종하는 ETF로 비용률이 낮은 ETF를 선택하는 것이 합리적입니다. 단 SPY는 이 중 비용률이 가장 높지만, 총자산 규모가 5,488억 2,900만 달러(약 736조 원)로 미국에서 가장 큰 ETF라는 대표성은 있습니다. VTI는 미국 거래소에 상장된 3,673개 종목에 투자하는 ETF이며, QQQ는 나스닥100지수를 추종하는 ETF로 SPY와 함께 미국을 대표하는 ETF입니다.

〈7-15〉는 중·소형주 대표지수와 S&P500을 동일 비중으로 구성하는 지수를 기반으로 하는 ETF 목록입니다. IJH ETF의 기초지수인 'S&P MidCaq400'을 번역하면 'S&P 중형주400'이 되는데, 미국 중형주의 시가총액은 생각보다 큽니다. 전체 400종목 중 가장 작은 종목의 시가총액이 12억 2,700만 달러로, 원화로 환산하면 약 1조 6,450억 원에 달합니다. 이 지수를 구성하는 종목들의 시가총액 기준 중간값은

7-14 대형주 ETF

티커	ETF명	발행사	비용(%)	기초지수
SPY	SPDR S&P 500 ETF Trust	State Street	0.09	S&P500
IVV	iShares Core S&P 500 ETF	BlackRock	0.03	S&P500
VOO	Vanguard S&P 500 ETF	Vanguard	0.03	S&P500
VTI	Vanguard Total Stock Market ETF	Vanguard	0.03	US Total Market
QQQ	Invesco QQQ Trust Series I	Invesco	0.20	나스닥100

7-15 중·소형주 ETF

티커	ETF명	발행사	비용(%)	기초지수
IJH	iShares Core S&P Mid-Cap ETF	BlackRock	0.05	S&P MidCap 400
IJR	iShares Core S&P Small-Cap ETF	BlackRock	0.06	S&P SmallCap 600
IWM	iShares Russell 2000 ETF	BlackRock	0.19	Russell 2000
RSP	Invesco S&P 500®Equal Weight ETF	Invesco	0.20	S&P 500 Equal Weighted
IWR	iShares Russell Midcap ETF	BlackRock	0.19	Russell Midcap Index

DAY 7

69억 5,500만 달러입니다.

IWM은 대표적인 미국 중·소형주 ETF입니다. 러셀(Russell)이라는 지수에는 대형주 1,000개로 구성된 'Russell 1000'과 중·소형주 2,000개로 구성된 'Russell 2000'이 있습니다. 이 둘을 합친 'Russell 3000'도 있는데 미국 시장 전체를 대표합니다. IWM은 러셀지수 중 중·소형주 지수인 Russell 2000을 추적하는 ETF입니다.

〈7-16〉은 커버드콜 ETF 목록입니다. DAY 3의 'S&P500 커버드콜 JEPI와 JEPQ'에서 언급했듯이, JEPI와 JEPQ는 20% 이하의 비중만 커버드콜 수익구조를 따르며 80% 이상의 주식 포트폴리오는 펀드매니저가 재량으로 액티브 운용을 합니다. 반면 글로벌X의 커버드콜 시리즈는 패시브 주식지수를 따르며 주식 순자산만큼 ATM 콜옵션을 매도하는 전형적인 커버드콜 구조입니다. 따라서 미국 주식시장의 상승을 예상한다면 JEPI 또는 JEPQ를 선택하고, 현재 수준에서 횡보할 것으로 예상한다면 글로벌X 커버드콜 시리즈를 선택하는 것이 합리적

7-16 커버드콜 ETF

티커	ETF명	발행사	비용 (%)	주식 부문 기초지수
JEPI	JPMorgan Equity Premium Income	JPMorgan Chase	0.35	S&P500
JEPQ	JPMorgan NASDAQ Equity Premium Income	JPMorgan Chase	0.35	나스닥100
QYLD	Global X NASDAQ 100 Covered Call	MiraeAsset Global Investments Co., Ltd.	0.61	나스닥100
XYLD	Global X S&P 500 Covered Call	MiraeAsset Global Investments Co., Ltd.	0.60	S&P500
RYLD	Global X Russell 2000 Covered Call	MiraeAsset Global Investments Co., Ltd.	0.60	Russell 2000

입니다.

업종별

〈7-17〉은 IT 업종에 해당하는 ETF 목록입니다. 테크 ETF는 시가총
액이 큰 마이크로소프트, 애플, 엔비디아 등 세 종목을 중심으로 하므
로 비중 상위 종목들은 유사합니다. 일부 비중의 차이로 성과가 다를
수는 있습니다. 다만 VGT·XLK와 비교할 때 규모가 상대적으로 작은
나머지 ETF의 비용률이 비교적 낮으므로, 장기 투자한다고 생각하면
저비용 ETF를 선택하는 것이 좋습니다.

〈7-18〉은 헬스케어 또는 바이오 업종에 투자하는 ETF 목록입니다.
헬스케어 ETF는 빅파마라고 불리는 대형 제약회사들로 구성되어 있
습니다. 그러나 ETF명에 'Bio'가 있으면 상대적으로 시가총액이 작으
면서 신약을 연구·개발하는 기업들을 포함한다고 볼 수 있습니다. 그
래서 헬스케어 ETF는 방어적인 성격을 갖지만, 바이오 ETF는 성장에

7-17 테크 ETF

티커	ETF명	발행사	비용(%)	기초지수
VGT	Vanguard Information Technology	Vanguard	0.10	MSCI US IT
XLK	Technology Select Sector SPDR Fund	State Street	0.09	S&P Technology Select
SMH	VanEck Semiconductor ETF	VanEck	0.35	MVIS Semiconductor 25
IYW	iShares U.S. Technology ETF	BlackRock	0.39	Dow Jones U.S. Technology
SOXX	iShares Semiconductor ETF	BlackRock	0.35	ICE Semiconductor

티커	ETF명	발행사	비용(%)	기초지수
XLV	Health Care Select Sector SPDR Fund	State Street	0.09	Health Care Select
VHT	Vanguard Health Care ETF	Vanguard	0.10	MSCI US Health Care
XBI	SPDR S&P Biotech ETF	State Street	0.35	S&P Biotechnology
IBB	iShares Biotechnology ETF	BlackRock	0.45	ICE Biotechnology
IHI	iShares U.S. Medical Devices ETF	BlackRock	0.40	DJ US Medical Equipment

대한 기대로 투자해야 합니다.

〈7-19〉는 금융 ETF 목록입니다. XLF, VFH, IYF ETF에는 JP모건·뱅크오브아메리카 등의 미국 대형 상업은행 외에 워런 버핏이 회장으로 있는 버크셔해서웨이와 비자(Visa, V) 등이 높은 비중으로 포함되어 있습니다. KRE, KBE는 지역은행 비중이 높기 때문에 미국 대형 은행을 염두에 둔다면 선택해선 안 됩니다.

〈7-20〉은 경기소비재 ETF 목록입니다. 경기소비재는 임의소비재라고도 하며, 경기에 따라 매출이 연동하는 소비재 기업들로 구성된 ETF 목록입니다. 구성 종목은 아마존, 테슬라, 홈디포, 맥도날드, 나이키, 스타벅스 등입니다. 아마존은 영업이익에서는 클라우드 서비스의 비중이 높아 흔히 테크 업종으로 생각하지만, 매출에서 전자상거래 비중이 높아 소비재에 포함됩니다.

〈7-21〉 필수소비재 ETF의 구성 종목은 P&G, 코스트코, 월마트, 코카콜라, 필립모리스 등입니다. 경제가 좋든지 나쁘든지 매출의 변화가 크지 않은 사업 구조를 가진 기업들이 주로 포함됩니다.

금융 ETF

티커	ETF명	발행사	비용(%)	기초지수
XLF	Financial Select Sector SPDR Fund	State Street	0.09	S&P Financial Select
VFH	Vanguard Financials ETF	Vanguard	0.10	MSCI US Financials
KRE	SPDR S&P Regional Banking ETF	State Street	0.35	S&P Regional Banks
IYF	iShares U.S. Financials ETF	BlackRock	0.39	Russell 1000 Financials
KBE	SPDR S&P Bank ETF	State Street	0.35	S&P Banks Select

7-20 경기소비재 ETF

티커	ETF명	발행사	비용(%)	기초지수
XLY	Consumer Discretionary Select SPDR	State Street	0.09	S&P Consumer Discretionary
VCR	Vanguard Consumer Discretionary	Vanguard	0.10	MSCI Consumer Discretionary
FDIS	Fidelity MSCI Consumer Discretionary	Fidelity	0.08	MSCI Consumer Discretionary
FXD	First Trust Consumer Discretionary	First Trust	0.61	StrataQuant Consumer Discretionary
IYC	iShares U.S. Consumer Discretionary	BlackRock	0.39	Russell 1000 Consumer Discretionary

7-21 필수소비재 ETF

티커	ETF명	발행사	비용(%)	기초지수
XLP	Consumer Staples Select Sector SPDR	State Street	0.09	S&P Consumer Staples
VDC	Vanguard Consumer Staples ETF	Vanguard	0.10	MSCI US Consumer Staples
IYK	iShares U.S. Consumer Staples ETF	BlackRock	0.40	Russell 1000 Consumer Staples
FSTA	Fidelity MSCI Consumer Staples Index	Fidelity	0.08	MSCI US Consumer Staples
KXI	iShares Global Consumer Staples ETF	BlackRock	0.41	S&P Global 1200 Consumer Staples

DAY 7

나만의 ETF 포트폴리오 만들기

〈7-22〉는 엑손모빌, 셰브론 등 주로 원유를 시추하고 생산하는 에너지 기업들로 포트폴리오를 구성합니다. 하지만 ICLN은 태양광과 같은 친환경 에너지 기업 중심의 포트폴리오로 구성되어 있습니다.

〈7-23〉에서 광산 기업은 생산물에 따라 금, 우라늄, 구리 등으로 나누어집니다. 주의할 점은 광물 자체가 아니라 광물을 생산하는 기업에

7-22 에너지 생산 ETF

티커	ETF명	발행사	비용(%)	기초지수
XLE	Energy Select Sector SPDR Fund	State Street	0.09	S&P Energy Select
VDE	Vanguard Energy ETF	Vanguard	0.10	MSCI US Energy
XOP	SPDR S&P Oil & Gas Exploration & Production	State Street	0.35	S&P Oil & Gas Exploration & Production
ICLN	iShares Global Clean Energy ETF	BlackRock	0.41	S&P Global Clean Energy
FENY	Fidelity MSCI Energy	Fidelity	0.08	MSCI US Energy

7-23 광산/철강/화학 ETF

티커	ETF명	발행사	비용(%)	기초지수
GDX	VanEck Gold Miners ETF	VanEck	0.51	NYSE Arca Gold Miners
GUNR	FlexSharesMorningstar Global Upstream Natural Resources	Northern Trust	0.46	Morningstar Global Upstream Natural Resources
XLB	Materials Select Sector SPDR	State Street	0.09	S&P Materials Select
URA	Global X Uranium ETF	MiraeAsset Global Investments Co., Ltd.	0.69	SolactiveGlobal Uranium & Nuclear Components
COPX	Global X Copper Miners ETF	MiraeAsset Global Investments Co., Ltd.	0.65	Stuttgart Solactive AG Global Copper Miners

투자하는 ETF라는 점입니다. 그래서 때로는 광물 가격의 움직임보다 상승과 하락의 폭이 더 크게 나타나기도 합니다.

〈7-24〉는 기계와 방위산업 ETF 목록입니다. 기계는 산업재라는 범위에 포함되는데 산업용 기계, 건설용 기계 등을 말합니다. 록히드마틴, 레이시온테크놀로지스와 같이 방위산업을 영위하는 대형 기업들이 이 업종에 속한다는 점이 의외라고 생각될 수도 있을 텐데요. 우주항공과 방위산업으로 구성된 ETF가 많습니다.

〈7-25〉의 전력 인프라 업종에는 전력을 생산하고 송전하는 유틸리티 기업들이 많습니다. 이 업종의 ETF를 공부하다 보면 MLP(Mater Limited Partnership)라고 하는 용어를 접하게 됩니다. MLP는 미국의 기업 형태 중 하나인데, 원유를 운송하는 파이프를 운영하는 기업들이 대부분입니다.

이론적으로는 원유 가격이 아니라 운송 물량에 따라 수익이 결정되고 배당 분배율이 높은 자산으로 평가됩니다. 하지만 실제 가격의 움

7-24 기계 · 방위산업 ETF

티커	ETF명	발행사	비용(%)	기초지수
XLI	Industrial Select Sector SPDR Fund	State Street	0.09	S&P Industrial Select
ITA	iShares U.S. Aerospace & Defense	BlackRock	0.40	Dow Jones U.S. Select Aerospace & Defense
VIS	Vanguard Industrials ETF	Vanguard	0.10	MSCI US Industrial Staples
PPA	Invesco Aerospace & Defense ETF	Invesco	0.58	SPADE Defense Index
XAR	SPDR S&P Aerospace & Defense ETF	State Street	0.35	S&P Aerospace & Defense Select

DAY 7

티커	ETF명	발행사	비용(%)	기초지수
XLU	Utilities Select Sector SPDR Fund	State Street	0.09	S&P Utilities Select
PAVE	Global X US Infrastructure Development ETF	MiraeAsset Global Investments Co., Ltd.	0.47	INDXX U.S. Infrastructure Development
VPU	Vanguard Utilities ETF	Vanguard	0.10	MSCI US Utilities
IGF	iShares Global Infrastructure ETF	BlackRock	0.42	S&P Global Infrastructure
IDU	iShares U.S. Utilities	BlackRock	0.39	Russell 1000 Utilities

직임은 원유 가격에 연동하는 경우가 많으므로 투자에 주의가 필요합니다.

채권

미국 국채를 기초자산으로 하는 ETF에 투자할 때는 반드시 듀레이션을 확인해야 합니다(〈7-26〉 참조). TLT·BIL·IEF처럼 ETF명에 만기가 기재되어 있는 경우도 있지만, GOVT와 같이 명칭에 없으면 해당 자산운용사(발행사)의 홈페이지에서 정보를 찾아봐야 합니다. 앞서 살펴봤듯이, 일반적으로 듀레이션은 만기보다 짧으며 듀레이션이 길수록 금리의 변화에 따른 가격 변화폭이 큽니다.

〈7-27〉의 투자등급 채권은 BBB- 이상의 신용등급을 받은 채권을 말합니다. 국채보다는 높고 하이일드(투기등급)보다는 낮은 쿠폰(표시)이자를 지급하는 회사채인데 쿠폰이자율이 국채와 차이가 작을 때는

티커	ETF명	발행사	비용(%)	기초지수
TLT	iShares 20+ Year Treasury Bond	BlackRock	0.15	ICE US Treasury 20+ Years Bond
BIL	SPDR Bloomberg 1-3 Month T-Bill	State Street	0.14	Bloomberg US Treasury Bills (1-3 M)
IEF	iShares 7-10 Year Treasury Bond	BlackRock	0.15	ICE BofA US Treasury (7-10 Y)
VGIT	Vanguard Intermediate-Term Treasury	Vanguard	0.04	Bloomberg US Treasury (3-10 Y)
GOVT	iShares U.S. Treasury Bond	BlackRock	0.05	ICE U.S. Treasury Core Bond

7-27 미국 투자등급 회사채 ETF

티커	ETF명	발행사	비용(%)	기초지수
VCIT	Vanguard Intermediate-Term Corporate Bond	Vanguard	0.04	Bloomberg US Aggregate Credit- Corporate (5-10 Y)
VCSH	Vanguard Short-Term Corporate Bond	Vanguard	0.04	Bloomberg US Corporate (1-5 Y)
LQD	iShares iBoxx$ Investment Grade Corporate Bond	BlackRock	0.14	iBoxx USD Liquid Investment Grade
JPST	JPMorgan Ultra-Short Income	JPMorgan	0.18	(Active_기초지수 없음)
IGSB	iShares 1-5 Year Investment Grade Corporate Bond	BlackRock	0.04	ICE BofAUS Corporate (1-5 Y)

DAY 7

투자 매력이 크지 않습니다.

〈7-28〉은 신용등급 BBB- 미만의 채권들에 투자하는 ETF입니다. 가격의 움직임은 주식과 유사합니다. 경기가 회복되는 국면에서 투자해야 좋은 성과를 얻을 수 있습니다. 경기 회복으로 금리가 상승하면 채권의 가격은 하락하겠지만, 하이일드 채권은 신용위험이 감소하고 쿠폰이자율이 높아져 완만한 금리 상승 구간에서는 양(+)의 수익률을

미국 하이일드(투기등급) 회사채 ETF

티커	ETF명	발행사	비용(%)	기초지수
USHY	iShares Broad USD High Yield Corporate Bond	BlackRock	0.08	ICE BofA US High Yield Constrained
HYG	iShares iBoxx$ High Yield Corporate Bond	BlackRock	0.49	iBoxx USD Liquid High Yield
JNK	SPDR Bloomberg High Yield Bond	State Street	0.40	Bloomberg High Yield Very Liquid
SHYG	iShares 0-5 Year High Yield Corporate Bond	BlackRock	0.30	iBoxx USD Liquid High Yield 0-5
SPHY	SPDR Portfolio High Yield Bond	State Street	0.05	ICE BofAMLUS High Yield

기록하기도 합니다.

원자재

금에 투자하는 ETF의 기초지수는 LBMA(London Bullion Market Association)로 동일합니다. 영국 런던에 본부를 두고 세계 금·은의 거래와 관련된 규제 및 표준을 관리하는 국제 조직입니다. 그래서 금에 투자하는 ETF는 LBMA에서 공표하는 금의 가격지수를 추종하죠.

금을 포함한 원자재 ETF는 선물에 투자하는지 현물에 투자하는지를 확인할 필요가 있습니다. 선물은 만기가 있는데, 만기마다 다음 만기의 선물로 변경하는 롤오버 과정에서 비용이 발생하기 때문입니다.

티커	ETF명	발행사	비용(%)	기초지수
GLD	SPDR Gold Shares	State Street	0.40	LBMA Gold Price
IAU	iShares Gold Trust	BlackRock	0.25	LBMA Gold Price
GLDM	SPDR Gold MiniShares Trust	State Street	0.10	LBMA Gold Price
OUNZ	VanEck Merk Gold ETF	VanEck	0.25	LBMA Gold Price
AAAU	Goldman Sachs Physical Gold	Goldman Sachs	0.18	LBMA Gold Price

DAY 7

_____
_____
_____

퇴직연금 제도

- DC · IRP 퇴직연금 계좌는 위험자산을 최대 70%까지만 편입하도록 되어 있습니다. 위험자산으로 분류되는 ETF는 주식 또는 주식 관련 투자상품에 40%를 초과하여 투자하는 ETF입니다.
- 퇴직연금 계좌에 레버리지 · 인버스 그리고 파생형 상품은 투자하지 못합니다.

TDF란

- Target Date Fund의 약자입니다.
- 시간이 지날수록 주식과 같은 위험자산 비중이 자동으로 줄어들도록 설계되어 있습니다.
- 글로벌 분산투자가 기본입니다.

포트폴리오 투자 원칙

- 나의 투자 성향을 정합니다. 주식:채권 비중을 공격형은 7:3, 중립형은 5:5, 안정형은 3:7로 합니다.
- 주식 ETF 포트폴리오를 구성할 때는 국가의 시장 대표지수를 50% 이상 편입합니다.
- 장기 투자 원칙을 지킵니다.
- 테마형 ETF는 반드시 공부한 후에 편입합니다. 잘 모르는데 다른 사람 권유로 투자하지 않습니다.
- 손실 제한 매매 원칙을 정하고 지킵니다.